青鸟童书
只做对得起时间的书

孩子读得懂的史记

[西汉] 司马迁 原著
沈晓彤 编著
上海宥绘 绘

1 五帝夏商周

北京理工大学出版社
BEIJING INSTITUTE OF TECHNOLOGY PRESS

版权专有　侵权必究

图书在版编目（CIP）数据

孩子读得懂的史记. 五帝夏商周 /（西汉）司马迁原著；沈晓彤编著；上海宥绘绘. -- 北京：北京理工大学出版社，2023.12（2025.4 重印）

ISBN 978-7-5763-3032-8

Ⅰ. ①孩… Ⅱ. ①司… ②沈… ③上… Ⅲ. ①中国历史—三皇五帝时代—青少年读物②中国历史—三代时期—青少年读物 Ⅳ. ① K220.9

中国国家版本馆 CIP 数据核字（2023）第 205858 号

责任编辑：李慧智	文案编辑：李慧智
责任校对：王雅静	责任印制：施胜娟

出版发行 /	北京理工大学出版社有限责任公司
社　　址 /	北京市丰台区四合庄路 6 号
邮　　编 /	100070
电　　话 /	（010）68944451（大众售后服务热线）
	（010）68912824（大众售后服务热线）
网　　址 /	http://www.bitpress.com.cn

版 印 次 /	2025 年 4 月第 1 版第 2 次印刷
印　　刷 /	武汉林瑞升包装科技有限公司
开　　本 /	889 mm×1194 mm　1/16
印　　张 /	17.5
字　　数 /	200 千字
定　　价 /	219.80 元（全 4 册）

图书出现印装质量问题，请拨打售后服务热线，负责调换

前言

西汉史学家司马迁撰写的《史记》，是中国历史上第一部纪传体通史，记录了从黄帝时期至汉武帝时期三千多年的历史。全书共一百三十篇，包括十二篇本纪、三十篇世家、七十篇列传、十篇表和八篇书。因为规模巨大、体系完备，对后世纪传体史书产生了深远的影响，所以被列为"二十四史"之首。

《史记》有多篇入选人教版语文课本，从小学覆盖至高中，更是历史课本中上古至西汉时期内容的重要史料来源。青少年阅读《史记》故事，不仅能打通小学、中学历史文化知识的壁垒，还能与古代贤者共鸣，汲取古人智慧，感受圣贤风骨。

我们这套《孩子读得懂的史记》，采用"《史记》故事＋精美插图＋原典解读"的形式，赋予经典史籍新的时代内涵。书中重新梳理了时间线索，将对应时间线下"世家"和"列传"的相关篇章挪到"本纪"之后讲述，使同一时期的人物、事件更加直观。全套精选一百二十篇《史记》故事，配以二百四十余幅精美插图，着重刻画历史大事件，为孩子还原历史现场，用轻松诙谐、风趣幽默的语言重述《史记》故事，帮助孩子读得懂、喜欢读这部中国传统史学名著。

目录

壹
是神话也是历史 —— 五帝时代，神话里的时代

01 黄帝传说：解决吃穿大问题　　　　　　　　02

02 炎帝与蚩尤：两个失败的英雄　　　　　　　10

03 颛顼和帝喾：继承黄帝基业并发扬光大　　　19

04 尧帝选贤：愁啊愁，愁白了头　　　　　　　27

05 重华至孝：逆来顺受的大孝子　　　　　　　36

06 舜帝摄政：天下明德自帝始　　　　　　　　44

07 大禹治水：懂得变通，才能活出不一样的人生　53

贰
老子死了儿继承 —— 夏启夺位,家天下

08 夏启袭位:老大实在不好当　　　　　　　　64

09 少康复国:满血复活的典范　　　　　　　　75

10 孔甲养龙:龙肉真好吃　　　　　　　　　　85

11 夏桀亡国:厨子手里翻了船　　　　　　　　95

叁
甲骨传承有文化 —— 殷商崛起,传承文字

12 盘庚迁殷:王朝续命二百年　　　　　　　　108

13 武丁中兴:国君出奇招,奴隶变国相　　　　115

14 妇好善战:王后也能做战神　　　　　　　　122

15 公刘与古公亶父:种地总有大用处　　　　　132

目录

16 姬昌访贤：下一盘灭商大棋　　　　　　　　　142

17 纣王暴政：不作死也不会死　　　　　　　　　148

18 姬发灭商：君子报仇，一百年都不晚　　　　　159

19 殷商遗民：最后的忠诚　　　　　　　　　　　167

肆
大大小小都封侯 —— 武王兴周，封侯安邦

20 封邦建国：我的宗亲遍布天涯海角　　　　　　178

21 武庚作死：在危险的边缘疯狂试探　　　　　　186

22 周公辅政：给众人戴上约束言行的紧箍儿　　　193

23 康叔封卫：来得早不如来得巧　　　　　　　　201

24 成王亲政：叔叔永远是叔叔　　　　　　　　　208

伍

不够强大，谁要听你话 —— 王道衰微，诸侯不朝

25 康王和昭王：东南西北到处打	218
26 穆王征犬戎：废话少说，打就完了	226
27 共王、懿王和孝王：缝缝补补又三代	234
28 厉王奔彘：都是乱收税惹的祸	243
29 宣王中兴：西周最后的回光返照	252
30 幽王烽火：就要你们了，怎么着吧	259

壹　是神话也是历史

——五帝时代，神话里的时代

01 黄帝传说：解决吃穿大问题

人　　物：黄帝
别　　称：公孙轩辕、轩辕氏、有熊氏、姬轩辕
生 卒 年：不详
出 生 地：轩辕丘（今河南省新郑市）
历史地位：上古时期部族联盟首领，"五帝"之一，"人文始祖"

人物小传

　　现在我们有名有姓，但是在上古时期，人们不仅有姓、名，还有氏。氏代表父亲的家族，姓代表母亲的家族，名代表自己。

　　黄帝的氏是少典。少典氏是有熊氏的一个分支，生活在现在的河南新郑一带。

　　黄帝的姓是公孙。它来源于有蟜（jiǎo）氏，一个世代生活在河南洛阳、以蜜蜂为图腾的部族。

　　黄帝的名是轩辕。这是因为他出生在轩辕丘。当时以出生地起名是一种惯例。

　　所以，黄帝的姓名其实是"公孙轩辕"，不过，为了后面的讲述方便，我们还是先叫他"黄帝"吧。

　　黄帝生活的年代实在是太久远了，留下来的传闻大多扑朔迷离，难详究竟。

很多事迹就和传说一样，我们这里就不求证它的真伪了，只从中浅浅了解一些上古时期华夏先民的生活状况吧。

黄帝艺五谷

相传，黄帝的母亲名叫附宝，是有蟜氏的一位姑娘，嫁到少典氏后，被安排在姬水附近生活。

不久后，附宝便生下了黄帝，黄帝和母亲一起生活，在姬水附近长大。按照当时的习惯，黄帝也可以以自己的居住地为姓，所以他改姓姬。

黄帝一生下来就相貌堂堂，学说话也比别的孩子早得多。在黄帝还很小的时候，他的思维就非常敏捷，手脚也很灵活，反应特别快；再长大一点，还展现出了纯朴、勤勉、宽厚、和善的好品质。

时间过得飞快，一转眼他就成年了，因为能够明辨是非且敦厚能干，赢得了部族众人的拥戴，成了部族新一任的首领。

在当时，人们主要靠采集和狩猎为生，很难填饱肚子。虽然神农氏已经教民稼穑，但他只驯化了黍和稷这两种可以人工种植的农作物。黍就是黄米，稷就是谷子。品种有限，种地的方法也很简单——只是把种子撒在地里，之后就不怎么管了，因而收成也不怎么好。

风调雨顺的时候还勉强说得过去，一遇到荒年，粮食马上就不够吃了。很多人不得不忍饥挨饿，甚至有人会被饿死。

"多可怜呀！"黄帝看到后很不忍心。他日思夜想，一遍又一遍地试验，终于又驯化了菽、麦和稻。菽就是豆类，麦就是麦子，稻就是水稻。

有了它们，人们能种植的粮食作物种类变多了，黍、稷、菽、麦、稻就被

人们统称为"五谷"。

"只增加品种还不够,还要想办法把它们种好!"黄帝这样想着,又开始观测日月星辰,推演历法,好指导人们顺应四时五行的自然规律进行种植。通俗来说,也就是什么时候适合播种,什么时候可以收获。

大家按照黄帝的方法进行耕种,收获的粮食越来越多,吃不完的还能储存起来,以备不时之需。大家不用挨饿,也能安居乐业了。

黄帝不仅教大家种粮食,还改良了驯化野兽的方法。这样一来,人们非但不用总是冒险去打猎,吃到的肉还越来越多。

随着食物的种类日益丰富,人们的身体也变得一天比一天健康、强壮。

嫘(léi)祖养蚕制衣

吃的问题暂时解决了,穿的问题呢?

要知道,当时的人们还没有太多的衣料可供选择。冬天穿兽皮,夏天穿苎麻做的衣服,这两种衣料要么不透气,要么质地比较粗糙,穿在身上很不舒服。

黄帝很想解决这个问题。碰巧他听说西陵氏(有蟜氏下属的一个分支)部族里有个叫嫘祖的姑娘,发明了一种新的制衣方法。

嫘祖是个心灵手巧、善于观察的聪明人。

西陵氏部族的居住地附近长着很多桑树。嫘祖通过观察发现,桑树上的蚕吃了桑叶后会吐丝,这种丝和织布的麻线很像,但是更纤细、更柔软、更光滑。嫘祖觉得它应该也能用来织布做衣服,经过多次尝试后,终于找到了养蚕、取丝、制衣的方法。

她将这个方法传授给大家,很快,西陵氏的人都穿上了蚕丝做的柔软衣服。

"应该去向嫘祖学习啊！"黄帝听说后，这样想着。

嫘祖见到黄帝后，非常乐意将养蚕的经验传授给他，还一下子喜欢上了他。黄帝也很喜欢嫘祖，于是二人结为夫妻，两个部族也逐渐融合到了一起。

从那以后，黄帝部族里的人也都穿上了柔软、轻便的漂亮衣服。

吃穿的问题解决了，黄帝的部族也发展得越来越强大了。

那时候，神农氏的统治逐渐衰弱，一些原来臣服于神农氏的部族开始蠢蠢欲动、相互攻伐，奈何神农氏力不从心、无力干预，只得看在眼里、急在心上。

一些被欺压的部族发现，黄帝的部族越来越强大，并且看到了黄帝善良、仁义，从不恃强凌弱，赶紧前来向黄帝求助。

黄帝马上招兵买马，扩充军备，把士兵们训练得个个勇武、威猛。然后，黄帝带领军队四处征战，很快帮助被欺压的部族解了燃眉之急。

之后，黄帝还在阪泉和涿鹿的郊野分别打败了炎帝和蚩尤的部族。从此以后，黄帝被各部族奉为共同首领，取代了神农氏。

《史记》原典精选

黄帝者,少典之子①,姓公孙,名曰轩辕。生而神灵,弱而能言,幼而徇齐②,长而敦敏,成而聪明。

——节选自《五帝本纪第一》

【注释】

❶子:后代。 ❷徇齐:思维敏捷。

【译文】

黄帝是少典氏的后代,姓公孙,名轩辕。他刚出生就很有灵气,很小的时候就会说话,年幼时思维敏捷,稍大一些则纯朴勤勉,成年以后能够明辨是非。

古老的保护神——图腾

早期的人类会认为自己的祖先来源于某种动物或植物,出于对自然和祖先的崇拜,他们会把动物、植物或者无生命的物体的形象(或简化成的符号),画在旗帜上,刻在用品上,甚至文在身上,作为自己部族的标志。这种标志被称为"图腾"。例如:黄帝的部族有熊氏就以熊为图腾。

那时的人们相信,图腾可以起到增强力量、保护自己的作用,因而衍生了图腾崇拜。

炎帝与蚩尤：两个失败的英雄

人　　物：炎帝
别　　称：神农氏
生卒年：不详
出生地：姜水（今陕西省宝鸡市境内）
历史地位：中国上古时期部族联盟首领，华夏族始祖之一

人物小传

相传，炎帝是中国上古时期姜姓部族首领的尊称，号神农氏。神农氏的第一任首领就是尝百草的神农，因为懂得用火而得到王位，所以被称为炎帝。自神农起，姜姓部族一共有九代炎帝，传位五百多年。

神农氏曾经强盛一时，是中原部族中的老大哥，但到了黄帝生活的时期，神农氏已经衰落了。

和黄帝进行阪泉之战的炎帝是神农氏的最后一位炎帝。之后黄帝部族和炎帝部族结盟，一起在黄河流域长期生活、繁衍，形成了最初的华夏部族联盟。

炎帝的传说

在太史公的笔下,这位神农氏的最后一位炎帝的名字不详,身份不详。

《帝王世纪》中说他叫姜榆罔。

《国语·晋语》中说,他是黄帝的兄弟,同样出自少典氏,母亲女登也是有蟜氏的姑娘,嫁到少典氏后被安排在姜水附近生活,所以他以姜为姓。

相传,他的先祖——神农氏的第一位炎帝有大德行,曾亲尝百草,用草药为族人治病。

相传,他还发明了弓箭。早些时候,炎帝的族人常常因为打猎而受伤,有些人更是直接丧了命。炎帝看到这种状况,非常着急。他日思夜想,终于发明

了一种叫弓箭的新武器。有了弓箭，人们远远地躲在暗处就能展开攻击，大大减少了伤亡。

弓箭给人们带来了更多的肉食，炎帝的部族很快兴盛起来了。

在这个过程中，部族里新添了很多孩子，需要喂养的人口越来越多，炎帝也不断地想办法。比如，教民垦荒，种植粮食作物；发明耒耜（lěi sì），实行"刀耕火种"的耕种模式；发明陶器，改善人们的生活……

眼看着日子过得越来越富足，族人们觉得，这都是首领擅长用火的缘故，于是尊称首领为炎帝，也就是擅长用火的首领。

神农氏曾经强盛一时，传承了好几代，都是中原部族中的老大哥。炎帝部族的活动范围慢慢地从姜水岸边扩展到黄河流域，定都在陈（今河南省周口市淮阳区）这个地方。

但到了黄帝生活的时期，神农氏已经衰落了。

部族之间为了争抢资源相互攻伐，神农氏却无能为力。眼看着黄帝的部族发展得越来越强大，神农氏的首领炎帝只得带着族人离开陈地，继续往黄河的下游迁徙。

阪泉之战和涿鹿之战

在迁徙的过程中，难免会和其他部族产生冲突。因为实力相对强大，大多数时候都是炎帝部族获胜。但有时也会碰到硬茬，比如正在向西扩展的九黎部族。

九黎部族的首领蚩尤，身强体壮、脾气暴躁。他制定了一系列严苛的规矩，谁不守规矩，就狠狠地惩罚谁。

九黎部族占据了黄河中下游一带，发展得非常快，吸引了很多小部族前来投靠。那些看不惯蚩尤的部族，都无法征服他。

渐渐地，蚩尤的地盘越来越大，和炎帝的地盘接壤了。

为了抢地盘，炎帝部族和蚩尤部族发生了战争。蚩尤部族的人勇猛剽悍、生性善战，还擅长制作兵器，他们打败炎帝部族取得了胜利。

战败后的炎帝没办法，只好带着部族往北走，很快就到了阪泉附近，他打算在这里休整一段时间再说。炎帝急需恢复实力，所以就想欺负一些小部族，这些小部族觉得炎帝实在太欺负人了，又听说强大起来的黄帝可以匡扶正义，纷纷去投靠了黄帝。

没过多久，黄帝就气势汹汹地前来问罪。

此次讨伐炎帝，黄帝除了带来自己的部族，还带来了另外六个归顺自己的部族军队，他们分别以熊、罴（pí）、貔（pí）、貅（xiū）、䝙（chū）、虎为图腾。其中，罴是棕熊，貔是雄性的白熊，貅是雌性的白熊，䝙是云豹。

双方在阪泉的郊外展开决战，经过多次非常激烈的战斗，最终，黄帝部族占了上风。

不过，因为早就仰慕炎帝部族的农耕技术，黄帝并没有对炎帝赶尽杀绝，反而提出了结盟的建议。炎帝出于对黄帝宽厚、仁慈的感激和佩服，最终和黄帝部族结成联盟，承认了黄帝的领导地位。

炎帝这边的问题顺利解决了，黄帝开始号令诸侯。然而，东边的蚩尤却越来越嚣张，完全不把黄帝放在眼里。

蚩尤四处扬言道："黄帝有什么本事！我就不听他的！看他能把我怎么样！"

蚩尤这样做，很不利于黄帝树立威信、治理民众。于是，黄帝叫上炎帝，又带上那些已经归顺了自己的部族，一起去讨伐蚩尤。

双方大战于涿鹿的郊野。

蚩尤虽然骁勇善战，但因为治理部族的强硬手段，早已不得人心，一见黄帝带兵攻打过来，部众就直接四散逃走了。蚩尤没能支撑多久，就被黄帝打败，抓起来杀掉了。

平定蚩尤后，黄帝总算统一了中原地区，建立起一个庞大的部族联盟。这是空前绝后的事情，大家都很佩服他。也正因此，人们一致决定，让他取代神农氏，做了下一任部族联盟的首领。

其实，无论是跟黄帝结盟的炎帝，还是战败被杀的蚩尤，他们在当时都是非常杰出的人物，对华夏民族的形成起到了很重要的推动作用，影响深远，都称得上是大英雄。

《史记》原典精选

炎帝欲侵陵诸侯,诸侯咸归轩辕。轩辕乃修德振兵,治五气,蓺①五种,抚万民,度四方,教熊、罴、貔、貅、䝙、虎,以与炎帝战于阪泉之野。三战,然后得其志②。

——节选自《五帝本纪第一》

【注释】

❶蓺:通"艺",种植。 ❷志:标志。

【译文】

炎帝想要欺压诸侯,诸侯就都归顺了轩辕。于是轩辕推广德行,整顿军队,研究五行四时节气变化,种植五谷,安抚民众,丈量四方土地,训练以熊、罴、貔、貅、䝙、虎为图腾的六个部族的士兵,和炎帝在阪泉的郊外交战。经过多次交战后,最终将炎帝打败。

炎黄子孙,龙的传人

黄帝在打败了炎帝和蚩尤之后,统一了中原,众多部族渐渐融合,最终形成华夏族,所以华夏儿女又称炎黄子孙。相传,黄帝在统一中原后,从各个部族的图腾中选取一部分,拼合在一起,一种全新的图腾——龙被创造出来了。千百年来,龙一直是中华民族的象征,中国人也总是自称为"龙的传人"。

03 颛顼和帝喾：继承黄帝基业并发扬光大

人　　物：颛顼
别　　称：高阳
生 卒 年：不详
出 生 地：若水（今四川省西部）
历史地位：中国上古时期部族联盟首领，五帝之一

人物小传

　　黄帝通过南征北战，成为天下共主后，很少有休息的时候。他行游天下、居无定所，不是在开山通路、测量土地、教大家种粮食，就是在给人们处理纠纷。

　　黄帝有一支以"云"字命名的军队，他走到哪里，云师就跟到哪里做好警卫工作。设立的其他官职，也以"云"字命名。

　　黄帝一行人向东到过大海，登上过丸山，一直到泰山；向西到过空桐山，登上鸡头山。南面到达长江，登上熊山、湘山。在北面又驱逐了荤粥（xūn yù）部族，在釜山与诸侯合验符契，并在涿鹿山的山坳处建立了都城。

　　哎呀，版图越来越大了，全靠黄帝自己一个人，就算是会分身术，也管不过来这么多事呀！黄帝这样想着，就开始到处寻找有能力的人，许给他们官职。

很快,他成功选拔出了风后、力牧、常先、大鸿等人做臣子,帮自己排忧解难。

有了这些得力助手后,百姓的生活更加幸福了。这些聪明能干的助手协助黄帝将天下治理得井井有条:他们顺应天地四时的规律,推测出阴阳气候的变化;论说生死的道理,分析存亡的原因;指导百姓按时节栽种谷物和草木;驯化鸟兽和昆虫;测定日月星辰的运行规律以定历法,收取土石金玉等物产以供民用;教化百姓做事尽心竭力,不要偷懒,节约各种水、火、木材等财物,取之有度。

因为黄帝的仁德,大家都非常敬佩他,觉得他像广袤的大地一样,宽厚、包容、无私地滋养着人们。因为土地是黄色的,于是人们尊称他为"黄帝"。

黄帝一生有二十五个儿子,其中获得姓氏的有十四个。

孩子们长大后,就会从黄帝的部族里分离出去,建立新的部族。就这样,黄帝的孩子们像蒲公英的种子一样,随风四散,落地生根。

其中，黄帝与嫘祖的大儿子玄嚣（又名少昊、青阳）去了江水一带建国，娶了当地凤鸿氏部族的一个姑娘。

凤鸿氏隶属于东夷联盟。东夷联盟的性质和黄帝的中原联盟有点像，它是由二十多个部族联盟而成，都以鸟为图腾。

玄嚣娶妻生子后，先是做了凤鸿氏的首领，经过不断奋斗，后来成为整个东夷联盟的首领。

黄帝与嫘祖的二儿子昌意去了若水一带建国，娶了蜀山氏的一位姑娘。昌意有一个孩子长大以后被封回到黄帝故里附近一个叫高阳（今河南省开封市杞县）的地方，因此，人们就把这孩子称为高阳。

这个高阳有圣人之德，很受子民的爱戴。黄帝去世后，高阳接替了他的位子。高阳也就是后来的颛顼。

敬鬼神的颛顼

颛顼即位后，面临着很多问题。其中最难办的，就是当时的人们信奉乱七八糟的巫术，乃至于不敬天地神灵，也忘了祭拜祖先。

但这也难不住沉稳、老练、谋略过人的颛顼。他找来一个叫重的人担任南正，负责主持祭祀活动，禁绝民间私下里的巫术活动。按照祖宗、神灵的旨意来制定礼仪，指导人们的行为；以阴阳五行的原则来教化百姓，使人们在祭祀时做到祭品洁净、态度恭敬。

之后，颛顼又任命一个叫黎的人担任北正，负责管理民政，充分利用地力创造财富；推算四时节令，鼓励开垦田地，大力发展生产。

渐渐地，社会秩序得到恢复，人们又开始安居乐业。

与此同时，颛顼继承黄帝意志，继续巡视四方。他所到范围比黄帝更广，最北到过幽陵（今河北、辽宁一带），最南到过交阯（今广东、广西、越南一带），最西到过流沙（今甘肃一带），最东到过蟠木（传闻中位于东海之中的一座岛屿上）。每到一个地方，他都尽力和当地部族建立友好的联盟关系，各地之人无不对他尊敬臣服。

巡视了那么多地方，也耗费了颛顼很多的时间和精力。等一切都处理完了，他也老了。但他的儿子们品德都不怎么好，颛顼不放心让他们接替自己做首领，想了又想，他把目光放到了族侄们的身上，他看中了聪慧、仁德的侄子姬俊。

姬俊的爷爷正是黄帝的大儿子玄嚣，也就是颛顼的伯父。前面提到过，他们这一支在东夷联盟，也就是现在的山东一带发展得很好，不过，孩子们长大后也时常会回老家看一看。姬俊就出生在离老家不远的高辛（今属河南省商丘市）。所以，姬俊长大以后，人们又称他为高辛。

高辛生来就有灵气，能够说出自己的名字，很受父亲蟜极的喜欢。童年时期，他一直跟着父母生活，但后来因为颛项想把他当成继承人培养，就派人把他接过来，带在身边悉心教导。

在颛顼的培养下，高辛具备了帝王应有的好品质，这让颛顼很满意。最终，由高辛接替了颛顼的位子，也就是后来的帝喾（kù）。

处事公正的帝喾

帝喾即位后，把大大小小的事情都办理得很好。

他为人和善，广施恩惠，专门利人，毫不利己；他聪慧明智，善于洞察细微之情，能预测未来之事；他顺应上天的道义，了解百姓的疾苦；他仁德

而不失威严，慈惠而遵守诚信；他修养身心，以德行使天下人信服。

他顺应时节获取大地所生的物产并节约使用，能教化百姓并用利益来引导他们，能推算出日月的运行规律并按时举行迎送，能区分哪些鬼神应该祭祀，并虔诚地祭祀他们。

他待人态度温和，自身的品德高尚，行为举止皆符合时宜，所做的事无一不是一个品行高尚的人所应该做的。

因为他处事公正、不偏不

倚，凡是日月所能照耀的地方、风雨所能到达的地方，没有不归顺他的。

帝喾有四个妃子，其中，正妃姜嫄是有邰氏的姑娘，她生的儿子叫弃，是后来周人的先祖。另外还有三个地位平等的次妃：简狄是有娀（sōng）氏的姑娘，她生的儿子叫契，是后来商人的先祖；庆都是陈酆（fēng）氏的姑娘，她生的儿子叫放勋；常仪是娵訾（jū zī）氏的姑娘，她生的儿子叫挚。

这四兄弟中，挚的年龄最大，在帝喾死后，由挚继任首领之位。但挚没什么才能，过了很久都没做出什么政绩。挚就让他的弟弟放勋接替了他的位置，放勋也就是后来的尧帝。

《史记》原典精选

帝颛顼高阳者，黄帝之孙而昌意之子也。静渊①以有谋，疏通②而知事；养材以任地，载时以象天，依鬼神以制义，治气以教化，絜诚以祭祀。北至于幽陵，南至于交阯，西至于流沙，东至于蟠木。动静之物，大小之神，日月所照，莫不砥属。帝颛顼生子曰穷蝉。颛顼崩，而玄嚣之孙高辛立，是为帝喾。

——节选自《五帝本纪第一》

【注释】

① 静渊：深沉稳重。　② 疏通：通达。

【译文】

　　帝颛顼高阳,是黄帝的孙子,昌意的儿子。他深沉而有谋略,通达而明事理;他让人耕作时充分利用土地,做事时顺应自然规律,依从鬼神来制定礼仪,调和四时五行来教化百姓,虔诚恭敬地进行祭祀。他向北到达幽陵,向南到达交阯,向西到达流沙,向东到达蟠木。事物不论动静,神灵不论大小,只要是日月能够照到的地方,没有不归顺他的。帝颛顼生的儿子叫穷蝉。颛顼去世以后,玄嚣的孙子高辛继承帝位,这就是帝喾。

黄帝骑龙升天

　　关于黄帝的去世,也充满了传奇色彩。

　　相传,黄帝在察觉到自己剩下的时间不多后,就派人去一个叫首山(今河南省许昌市襄城县)的地方,开采了很多紫铜,准备铸几口大鼎。传说中宝鼎可以和神明相通,宝鼎铸成后方可封禅。

　　紫铜开采后,匠人们在荆山下铸造宝鼎。

　　据说,宝鼎一铸成,天上就飞下来一条神龙。这条龙有着长长的胡须,一直可以垂到地上。它就是来接黄帝升天的使者。

　　黄帝一看见它,就抓住龙须一路爬到龙背上坐下。

　　大臣们也跟着往上爬,有七十多个动作快的爬了上去,还有人接连不断往上爬。不过,龙似乎等得不耐烦了,晃晃脑袋直接起飞了。

　　人们非常着急,一边紧紧抓住龙须,一边追着跑。很快,龙须就被拉扯断了,黄帝身上携带的弓也被晃掉了。人们看着神龙把黄帝和那些大臣带走了,只能抱着断落的龙须和黄帝的弓大声号哭。

　　因此,后世就把宝鼎铸成的这个地方称为鼎湖,把黄帝掉落的弓称为乌号。

尧帝选贤： 愁啊愁，愁白了头

人　　物：	尧帝
别　　称：	放勋、陶唐氏
生卒年：	不详
出生地：	不详
历史地位：	中国上古时期部族联盟首领，五帝之一。在位期间制定历法，推广农耕，治理水患，还开创了禅让制

人物小传

　　尧帝是个仁德的好首领，他虽然出身贵族，却为人谦虚，一点架子都没有。他生活简朴，从不喜欢过于奢华的东西。对于有才能的人，他十分尊敬。对于四方的部族，他也秉承着"以和为贵"的原则。

　　在尧帝的治理下，中原部族发展得欣欣向荣。人们像追逐太阳一样跟随着他，像遥望云彩一样仰慕着他。

制定历法

　　在尧帝主政期间，当时的历法还不够完善。人们按照这个历法种庄稼，很容易出现问题。

于是，尧帝重用了羲氏兄弟与和氏兄弟，让他们根据星辰的运行，重新制定历法，告诉人们播种与收获的最佳季节。

羲氏与和氏的两对兄弟领命后，分别前往四方，除了督促黎民的生产活动，还通过观察测定了四季的节点。

羲仲去了东方的旸谷（传说中日出之地），观察日出时刻，测定出了白天和黑夜时间一样长的这一日，定为春分日。从这天往后，白天会越来越长，人们走向田野耕种，鸟兽也开始繁殖。

羲叔去了南方的交阯（南方极远之地），观察太阳向南运行的规律，从而观测出了白天时间最长的那一天，定为夏至日。这时候，河水上涨，地面变得潮湿，人们都搬迁到高处，鸟兽的羽毛也渐渐变得稀疏。

和仲去了西方的昧谷（传说中日落之地），在那里主持人们的秋收工作，并恭敬地送太阳下山。和仲观测出白天和黑夜等长而虚宿出现在正南方的这一天，定为秋分日。这时候，人们的心情平和愉悦，鸟兽即将换毛。

和叔去了北方的幽都（阴气聚集之地），他的任务是督促人们储存粮食过冬。和叔观测出白昼最短而昴宿出现在正南方的这一天，定为冬至日。这时候，人们衣服穿得很多，鸟兽也长了厚厚的羽毛。

这样，四季的节点就确定下来了，三百六十六日为一年，人们春天耕作、夏天养护、秋天收获、冬天贮藏，生产、生活更加顺畅有序。

同时，作为对历法的修正，这四个人还第一次提出了闰月的概念，使四时不至于错位。尧帝认为他们做得很好，于是提拔他们，让他们的职位高于其他大臣，分管四方部族。

对于尧帝的决定，大臣们也都很服从。在帝尧的严格要求下，百官各尽其责，于是各方面都呈现一派兴旺发达的景象。

尧帝伐三苗

内部虽然一团和气，可外患却一直存在，这让尧帝很发愁。

原来，蚩尤被黄帝打败并杀死后，他的部族和后裔大部分融入了黄帝部族，小部分逃到了南边，也就是今天湖北境内的汉江一带，渐渐形成一个叫三苗（又叫有苗或苗蛮）的部族。经过长时间的休养生息，三苗部族逐渐发展壮大，并开始与中原部族抢地盘。其中，最厉害的一支自称驩（huān）兜族，以修蛇为图腾。

驩兜族的首领名叫驩兜，在他成为部族联盟首领后，三苗部族越来越强大，经常在江淮、荆州一带作乱，侵占中原部族的土地。

尧帝下令发兵征讨，在丹水流域与骧兜展开一场大战，将他们打得落花流水、俯首称臣，确保了中原地区的稳定。

治理洪水

除了来犯的部族外，还有可怕的天灾。上古时期，人们为了生产、生活的便利，经常靠近河流居住。而河水时常泛滥，大大小小的水灾经常发生。尧帝在位时的这一次水灾尤其严重——滔天的洪水包围了山岳，漫没了丘陵，淹死了许多人。剩下的人就算侥幸逃生，很多也失去了房屋和田地，生活成了大问题。

尧帝决心要消除水患，于是开始寻找能治理洪水的人。

一个大臣提议道："不如起用共工一族吧。"

共工一族相传为炎帝的后代，是一个世代负责治水的家族。然而在颛顼帝时，他们因为治水有功越来越傲慢，甚至想和颛顼争夺帝位，因而被流放。

尧帝认为他们心术不正，只会夸夸其谈，不能被重用。结果也正如尧帝所料，后来让共工一族去做工师时，他们放纵作恶，为祸百姓。

"还有谁能去治水呢？"尧帝非常着急。

"让鲧（gǔn）试试吧。"大臣们都这么说。

鲧是尧帝的远亲。也正因此，当鲧带着族人们东迁到中原时，尧看在大家都是颛顼后代的分儿上，把他封到了崇地（今河南嵩山一带）。但在内心深处，尧帝并不喜欢这个亲戚，他觉得鲧的品德有问题，也不服从命令，所以并不想用鲧来治水。

"可是，他算是同辈中最有能力的。"有大臣劝说尧帝，"还是先让他试试吧。

如果不行,再换掉他也不迟。"

尧帝确实也找不出更合适的人选,只好勉强同意了。

然而,鲧这个人虽有大志,却无创新。他治水时,用的还是共工一族堵塞洪流的老办法——鲧组织了大量百姓,搬运土石筑堤防洪,通过改变地势将洪流堵住。这种办法在降雨量不大的年份也能有一定成效,围堵起来的洪流等雨季过去后就能自然退去。但是,遇到洪水异常凶猛的年份,洪水越堵越多,经常溢出或冲毁堤坝，百姓苦不堪言。

所以，鲧治水几年时间过去了，洪水依旧每年都会发生，可见是没取得什么成效。

尧帝未免更发愁了。

这时候，让尧帝发愁的还有另外一件非常重要的事——他老了，需要找一个继承人来接班了。

本来，他有两个儿子可以备选，但大儿子监明早早就去世了，小儿子丹朱又曾经做过错事，尧帝在很早之前就把他派到了外地。

虽然很多大臣都提议把丹朱召回来，但尧帝认为顽劣不堪的丹朱并不适合做首领。

儿子不行，那就看看大臣们吧。尧帝问已经成为四方诸侯之长的羲仲、羲叔、和仲、和叔四人："你们谁能接替我的位子？"

"我们能力不足，不敢玷污这个位子。"四人纷纷推让。

尧帝又把目光转向其他大臣："那就举荐吧——只要能力与德行俱佳，能通过我的考验，就可以顺应天命接替我的职位。"

然而，大臣们举荐上来的人选，尧帝都觉得不够完美，能力不足以带领族人过上好日子。

这可怎么办才好呢？尧帝简直愁白了头。

看着尧帝整天愁眉苦脸的，羲仲、羲叔、和仲、和叔就提议道："我们听说民间有一个名叫重华的人，品德很好，也很有能力，您不如考虑一下他吧。"

《史记》原典精选

帝尧者，放勋。其仁如天，其知①如神。就②之如日，望之如云。富而不骄，贵而不舒③。

——节选自《五帝本纪第一》

【注释】

❶知：通"智"，智慧。　❷就：接近，凑近。　❸舒：放纵，肆意而行。

【译文】

帝尧名叫放勋。他的仁德像天空一样浩大，他的智慧像神灵一样高深。人们就像追逐太阳一样跟随着他，像遥望云彩一样仰慕着他。他富有而不骄奢，尊贵却不放纵。

种地也要看星星——二十四节气

尧帝时期，人们通过观测日月星辰的运行，明确了春分、夏至、秋分、冬至的时间，渐渐掌握了四季变化的规律，进而有了"年"的概念。后来，更为精妙的二十四节气（二十四节气最初是根据"斗转星移"制定的，北斗七星的斗柄顺时针旋转一圈为一个周期，也就是一年）被创造出来，为中国古代农耕文明的发展起到了重要的指导作用。

重华至孝：逆来顺受的大孝子

人　　物：重华
别　　称：舜帝、有虞氏、虞舜
生 卒 年：不详
出 生 地：诸冯（今山东省诸城市）
历史地位：中国上古时期部族联盟首领，"五帝"之一。
　　　　　主要成就为举八元八恺、放四凶、命官职等

人物小传

已经成为四方诸侯之长的羲仲、羲叔、和仲、和叔，为什么会这么推崇重华呢？

因为呀，从他们听说的一些事情来看，重华的确非常对尧帝的胃口——他有能力、有德行，还是个出了名的大孝子。

重华至孝

重华是颛顼的后代，传到重华这一代已经是第七代了。重华往上数几代先祖，都没什么名气，地位也衰落得和平民差不多了。

重华的父亲瞽叟（gǔ sǒu）是个盲人，不仅为人蠢笨、愚昧，还把日子过得紧巴巴的。重华的母亲很早就去世了,父亲很快就续娶了一个妻子,又生了一个儿子。本来母亲早逝,重华的日子就够悲苦的了,自从继母进门、弟弟出生后,重华的日子更加难过。

首先,重华的继母性格固执、自以为是,自己认定的东西,别人说什么都没用。而重华又是一个很正直的孩子,对就是对,错就是错,因此二人经常会产生冲突。重华作为晚辈,通常是占不到什么便宜的。

其次,重华的弟弟象从小就任性、霸道,父亲瞽叟却很宠爱他。相比之下,重华简直就像不是亲生的一样,父亲对他的事从来不放在心上,一旦他与继母间出现了争执,哪怕是很小的问题,都会遭到父亲严厉的责打。

父母的态度也会影响孩子,象对自己这个同父异母的哥哥越来越厌恶,觉得重华抢了很多原本属于自己的东西,也越来越凭借着父亲对自己的宠爱,在大人面前搬弄是非、诋毁、陷害重华。后来一家人甚至对重华起了杀心,千方百计地想要致重华于死地。

一次,父亲假意让重华去修谷仓。谷仓很高,重华好不容易爬了上去,父亲和象竟然搬走了梯子,还在下面点火,想把重华烧死在上面。幸亏重华随身携带了斗笠,一看到下面燃起大火,灵机一动用它们护在身体两边,就像鸟儿张开两个大翅膀一样,从好几米高的谷仓上跳下来,这才勉强逃过一劫。

即便这样的事情发生过不止一次,重华对待父亲和继母依然非常恭顺,几乎随叫随到,对弟弟也很友爱,非常有大哥的样子。

不仅如此,这三个人,无论谁在外面惹了麻烦,重华都会第一时间帮他们处理,让他们的名声不至于变坏。所以,重华在二十岁的时候就因为孝德而贤名远扬。

尧帝知道重华是这样一个有宽阔胸襟的人后,很是赞赏。他决定接受四岳

的建议，考察一下重华。

怎么考察呢？尧帝有两个女儿，分别是娥皇和女英。尧帝将她们都嫁给重华，让她们近距离地观察一下重华在家里的表现。

同时，尧帝还安排了自己的九个儿子故意接近重华，看看他在外面是怎么待人接物的。这些人到了重华身边后，与他朝夕相处，发现他果然像人们所说的那样，是一个品德高尚的人。娥皇和女英因为重华治家严谨，侍奉他的父母不敢有丝毫怠慢；尧帝的九个儿子也在重华的影响下变得愈发稳重。

虽然重华的父亲、继母和弟弟对他还是一如既往的坏，甚至多次找机会想害死他，但重华每次都机智地避开了。

耕于历山

重华也并非感受不到家人的恶意，总是这么提防着他们，也让重华感到很疲惫。

所以，有一段时间，重华离开家乡四处游历，一路走过了很多地方。

他在历山（今山西南部）耕过田，在雷泽（今河南和山东交界处）捕过鱼，还在黄河边烧制过陶器，在寿丘（今山东曲阜附近）一带帮人做过家具，在负夏（今山东兖州）一带做过买卖。

因为始终秉持着正直、诚实的天性，他无论走到哪里，都很受人们的尊敬。远处的人听说了他的美名，也愿意聚集在他的周围，接受他美好品德的感化。所以，往往只需要一年，他停留的地方就能发展出一个小村落；再过一年，俨然就是小城镇的样子；到了第三年，聚集而来的人就更多了，那里就发展成了城市。

相传，舜的仁德感动了上天，他在历山耕田时，上天派大象为他耕田，百鸟为他耘草，这就是"象耕鸟耘"。

尧帝听说了这些，对他更加满意了，不仅赐给他一套上等细葛布做成的衣服和一张琴，还让人为他建造仓库，赐给他很多牛和羊。

重华的父亲、继母和弟弟听说他得到了这么多好东西，又想出了一个坏主意。

他们让人带话叫重华回家，并且热情地接待了他，但他们之所以这么做，只是想霸占这些东西而已。

重华回来后没过两天，父亲就让重华去挖一口井。娥皇和女英觉得不对劲，劝重华留个心眼，重华听从了。挖井的时候，重华悄悄地在井的侧面凿出了一条地道。

果然，当井挖到一定深度的时候，瞽叟和象就从上面扔土石，想把井口填实，把重华埋在里面。重华连忙逃进地道里，这才又逃过一劫。

重华的父亲和弟弟不知道他还活着，高兴地瓜分了他所有的东西——象霸占了重华的衣服、琴和房间，牛羊则让父亲和继母牵走了。

重华顺着地道逃出后，在外面躲了几天才回家。一进家门，就看见象大摇大摆地坐在自己的房间里，得意扬扬地弹着自己的琴。

看到重华没死，象心里大吃一惊，表面却立刻装出一副担心不已的样子，问道："哎呀，哥哥，你这几天去了哪里？怎么才回来呀？你出事后的这几天，我每时每刻都在担心你。"

重华当然知道象的担心都是装出来的，但他还是没有戳破这个狠毒弟弟的谎言，对待父亲和继母也像从前一样恭顺。毕竟，在他看来，不管这三个人做过什么，始终都是自己的家人。家人之间是不该有仇恨的，更不应该相互攻击。如果亲人之间有隔阂，那就用美德去感化他们。

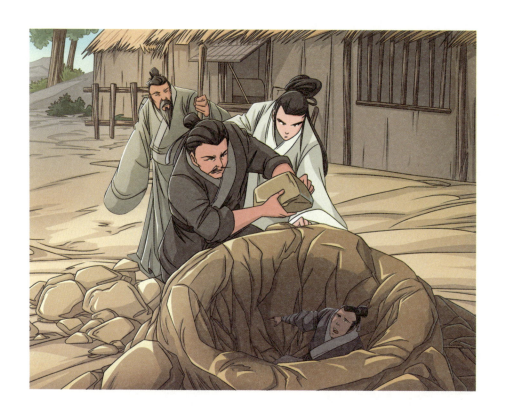

　　很多人都为重华鸣不平,觉得他怎么报复这三个人都不过分。但尧帝却认为,重华没有这么做,恰恰说明他是个胸襟宽广的人,于是把他召到身边,任命为司徒,负责掌管礼仪、教化人民。

《史记》原典精选

舜耕历山,渔雷泽,陶河滨,作什器于寿丘,就时①于负夏。舜父瞽叟顽,母嚚,弟象傲,皆欲杀舜。舜顺适不失子道,兄弟孝慈。欲杀,不可得;即求,尝②在侧③。

——节选自《五帝本纪第一》

【注释】

❶就时:经商。　❷尝:通"常",常常。　❸侧:身侧,身边。

【译文】

舜在历山耕种,在雷泽捕鱼,在黄河边烧制陶器,在寿丘制作各种日用器物,在负夏经商。舜的父亲瞽叟凶顽,母亲愚昧,弟弟象狂傲,他们都想将舜杀死。舜却恭顺地对待他们而不失为人子之道,孝顺父母,友爱兄弟。父母兄弟虽然想杀他,却始终不能得逞;他们有求于舜,舜又会经常陪伴左右。

孝、顺不是一回事

舜帝"孝感动天"的事迹位列"二十四孝"之首。"二十四孝"的说法是元代提出的,讲的是二十四个孝子的故事。

而对于"孝",东汉的许慎在《说文解字》中的解释为:"善事父母者,从老省、从子,子承老也。"也就是说,善于侍奉父母是孝。但侍奉父母并不意味着一味顺从、纵容。如果父母做得不对,督促父母改正才是孝。

06 舜帝摄政：天下明德自帝始

人　　物：鲧
别　　称：有崇氏、崇伯
生 卒 年：不详
出 生 地：西川（今四川省西部）
历史地位：有崇部族首领，治水英雄

人物小传

司徒在当时可不是普通的官，而是辅佐尧帝处理一切事务的大官，位居百官之首，职责类似于后来的首辅。

重华很感激尧帝的知遇之恩，做了司徒之后尽职尽责，从不敢辜负尧帝的期望。

在重华被重用当政期间，起用了很多德才兼备的人。

重华摄政

当时，民间有这么十六个人，他们世代保持着祖先的美好品德，从来没有做过毁损祖先声誉的事情。其中，有八个人是颛顼的后代，被称为"八恺"。

"恺"是和善、平易近人的意思，也就是说，这八个人性格和善，讨人喜欢。还有八个人是帝喾的后代，被称为"八元"。"元"有善良的意思，也就是说，这八个人都很善良。

尧帝即位之初，有很多事情要忙，没顾得上重用这十六个人。等到重华做了司徒之后，毫不迟疑地起用了他们，让八恺主管农业，让八元负责教化。

这十六个人上任后，兢兢业业，各司其职，把自己分内的事情办得很好。

然而俗话说得好，龙生九子，各不相同。虽然大家的祖先可能相同，但传了几代之后，从模样到品行，都会有很大的变化。

这话说的就是在当时很有名的"四大恶人"，他们的名字分别是浑沌、穷奇、梼杌（táo wù）和饕餮（tāo tiè）。他们都是名门之后，其中，浑沌是黄帝的后代，穷奇是玄嚣的后代，梼杌是颛顼的后代，饕餮是炎帝的后代。这四个人是非不分、善恶不明，整天只知道行凶作恶，大家对他们是又害怕又厌恶。尧帝在位时虽然很头疼，但也拿他们没有办法。后来重华就想办法将他们驱逐到遥远的边境去抵御更加邪恶的人。从那以后，大家都说，中原再也没有恶人了。

某一天，尧帝听说，重华在一次出门办事时，需要经过一片高山密林，但重华一点都不害怕，毅然决然地走了进去；到了晚上，电闪雷鸣、狂风大作，还下起了倾盆大雨，重华依然能够保持镇定，一直沿着正确的方向行走，没有因为恶劣天气迷路误事。尧这时就知道了，重华是个意志坚定且有能力的人，足以托付天下。

从这以后，尧帝对重华更加喜欢了，也表露了自己想把首领位子传给重华的意思。

"您的好意我心领了，可我现在的德行还不够，恐怕难以胜任。"重华推辞道。

"也好。"尧帝说,"但我现在年纪实在大了,处理不了太多事。你代替我处理一下政务,总没问题吧?"

重华点点头答应了下来。从那以后,重华代尧帝摄政,虽然名义上的首领还是尧帝,但实际上重华已经和首领没什么区别了。

重华代替尧帝执政后,先是选了个好日子,祭祀天地祖先;接着去四方巡视,向各个部族的首领传达这个消息;然后又大张旗鼓地展开了一系列流放行动。

这次流放行动,和之前失败的治水活动有关。

重华最先收拾的就是共工氏。

你们一定还记得，之前讲大洪水的时候，有人提议让共工一族治水，但是尧帝觉得他们只会花言巧语并没有同意，只让他们去做了工师。然而，即便这样，他们还是不守规矩，经常惹是生非。重华见共工一族这么放纵作恶，就把他们流放到了北方的幽陵，让他们与北狄部族融合，去改变北狄的风俗。

收拾完共工一族后，重华又盯上了鲧。因为他治水九年，效果不大，百姓深受其害，重华把鲧和族人一起流放到东方大海边的羽山，与东夷部族融合。

接下来需要处理的就是骓兜族了。他们原本属于三苗族，部族首领骓兜率领族人作乱被尧帝征服后，开始对中原联盟俯首称臣。但他们内心并不服气，不仅经常不听调遣，还和共工一族走得很近。时间一长，重华担心他们会一起盘算什么坏事，就把骓兜族流放到南方的崇山，离共工一族远远的。

除了骓兜族，重华对其他三苗族的成员也十分不信任，把他们流放到了西方的三危，与西戎部族融合。

流放完这四个部族后，其他部族明显老实多了。社会终于安定了下来，百姓休养生息，平静地度过了几年的时间。

尧舜禅让

在重华代替尧帝理政的八年后，年迈的尧帝去世了。临去世之前，他将首领之位传给了德才兼备的重华。这一事件被称为"尧舜禅让"。

但重华认为，首领之位传给尧帝的儿子丹朱更合适。于是，在尧帝三年丧期结束后，重华又将位子让给了丹朱，并让大家拥护丹朱为首领，自己则避到了南河以南（今淮南一带），表示不想和丹朱争夺首领的位子。

万万没想到，大家都不认可丹朱，诸侯朝见的时候，也不朝见丹朱而是去

朝见重华。重华这才重新出山,到中原正式登上天子之位。这就是舜帝。

舜帝即位后,对家人的态度依旧不变。虽然父亲、继母和弟弟曾多次谋害他,但他一点都不记仇,不仅亲自去拜见父亲瞽叟,态度谦恭顺从,还把弟弟象封到一个叫有鼻的地方,做了一个小首领。这样以德报怨、始终如一的行为,让天下人更加佩服他的胸襟。

除了以德报怨外,舜帝还是个选贤任能、广开言路的开明君主。

为了能将尧帝时期的辉煌延续下去,舜帝就将四方诸侯之长召集到文祖庙一起商议对策,同时大开都城四门,让四方言路畅通,广泛听取各方面的意见。舜帝让十二州的长官监督自己的德行,广施仁德,远离小人,使得偏远地区的部族都来归顺。

舜帝还提拔了一批能臣,这些大臣在业绩上各有建树。舜帝每隔三年就对他们进行一次政绩考核,通过考核来决定罢免或升迁。后人都说,天下清明的德政就是从舜帝这时开始的。

这些能臣中,皋陶(gāo yáo)、契、弃、伯夷、夔(kuí)、龙、倕(chuí)、伯益、禹等人,在尧帝的时候就被任用来为百姓做事,但一直没有明确的职务分工和相应的封邑。舜帝即位后,让皋陶担任司法官,管理刑罚之事;契担任司徒,对百姓进行五种伦常教育;弃主管农业,教百姓种植五谷;任命伯夷为秩宗,掌管礼仪;让夔为乐官,主管音乐;龙管理群臣进言,负责上传下达;倕为共工,管理百工事务;伯益为管理山林畜牧的官员。

不仅如此,就连鲧的儿子禹也被任命为司空,主管治理水土工作。

关于这次任命,也是一波三折。

鲧被流放到羽山后,洪水问题并没有得到有效解决,大大小小的洪灾经常发生，舜帝一怒之下，派人去处死了鲧。

但治水还得继续派人去，舜帝就问大臣们："谁能承担治水的任务呢？"

"让鲧的儿子禹去试试吧。"大家都这么说。

禹从小就跟着父亲东奔西走，四处治水，积累了不少经验。而且禹和他的父亲很不一样，他为人敏捷而勤恳、品德端正、仁爱可亲；他说话做事都很讲诚信、守规矩，表现出来的美德被人们视为规范准则。

舜帝也觉得让他来做这件事很合适。但禹担心自己做得不好，万一又触怒了舜帝，也落得和父亲一样的下场。于是，他推辞道："弃、契或者皋陶都比我厉害多了，还是把这个任务交给他们吧。"

弃和契都是帝喾的儿子，舜帝在位的时候，他们一个负责掌管农业，一个负责掌管教育。而皋陶从尧帝的时候，就一直担任司法官，为人正直，执法严明。

"你举荐得很好，但弃要是走了，就没人管种地的事情了；皋陶要是走了，社会恐怕很快就乱了。"舜帝对禹说，"契倒是可以跟你一起去，做你的助手。另外，我让伯益也去帮你。"

伯益也是颛顼的后代，算是舜帝的远亲。

即便如此，禹还是有很大的顾虑，他张了张嘴，刚要再说些什么，就见舜帝大手一挥，说："行了，你别推托了。努力去做吧，我说你行你就行！"

《史记》原典精选

舜入于大麓①,烈风雷雨不迷,尧乃知舜之足②授天下。

——节选自《五帝本纪第一》

【注释】

❶大麓:高大的山麓,深山。 ❷足:足以。

【译文】

舜进入深山,遇到大风雷雨,没有迷路。尧帝就知道舜的才能是足以把天下传授给他的。

司徒到底是什么?

司徒本是上古时期就有的官职,主要负责管理户口和赋役。从周代开始,司徒被列为尊贵的六卿之一,除了掌管邦国重任外,还负责教化人民。汉代成为三公之一,地位显贵。后来,一些做过司徒的家族以此作为自己的姓氏,"司徒"也就不只代表官职,还开始代表姓氏。

07 大禹治水：懂得变通，才能活出不一样的人生

人　　物：禹
别　　称：文命、大禹、帝禹、神禹
生卒年：不详
出生地：西羌（今四川省西北部）
历史地位：夏后氏首领、治水英雄

人物小传

　　舜帝都已经这么说了，禹虽然心里有顾虑，但还是服从命令，带着契和伯益上路了。好在，伯益是个乐观风趣的人，不像禹那样总是心事重重，因此一路上也不算太沉闷。同时，他也善于观察，一边跟着禹四处奔走治水，一边随手记下了各种有趣的见闻。

　　据说，这些见闻，构成了后世奇书《山海经》的基础。

　　哪里有洪水，他们三个人就去哪里治水。大家一听说他们是被舜帝派来治水的，都对他们非常尊敬，也很服从他们的安排。

　　然而，治水这个问题并没有那么好解决。一开始，他们也是按照千百年来的老方法，洪水一来，就一味地修高堤坝，想把洪水堵在那里。这样虽然可以

暂时避免洪水淹没屋舍和农田，但非常容易反复，一不小心就前功尽弃了。

不过，禹这个人为人敏捷而勤恳，爱动脑筋。在四处奔波治水的过程中，他从未停止过思考。最终，他想出了一个好办法。

"可能只想着堵是没用的，应该把它疏导进大海里？"

禹的思路很对，尽管从来没人这样做过。一开始，很多人都半信半疑，但禹经过小规模的实践后，发现很有用处！

大禹治水

为了让人们远离洪水的困扰，禹决定分别整治天下的水土，根据山川的走向砍伐树木制作路标，来测定高山大川，规划山川河流的走势，也就是后世称颂的"平水土、画九州"。

禹带着契和伯益从冀州开始巡行，一个州规划好了之后就接着去下一个州。一路上逢山开山、遇洼筑堤、蓄水成湖、疏通河道……让平地的积水可以先导入江河湖泊，再引入大海。

禹作为"治水行动"的总指挥，当然要做个好榜样。他勤奋刻苦、诚实可靠。每天都和

百姓们一起劳动。自从禹想到治水的新方法后，大家也是越干越起劲儿，每天都忙得热火朝天。禹每天出门最早，回来最晚，哪怕睡觉的时候都把测定平直的水准和绳墨、划定图式的圆规和方矩带在身上，以备不时之需。哪怕做梦都在想着怎么治水。

在他治水的过程中，曾三次路过自己的家门，但他一次都没有进去过。他的妻子女娇，是涂山氏的姑娘，禹在和她成亲后的第四天就离开家治水去了。禹第一次路过家门时，恰逢他们的儿子启出生，禹听到婴儿的啼哭声本想回家看看，但又害怕自己回家后会不舍得离开妻子和孩子，耽误治水进度，所以干脆狠狠心离开了。

他把所有的时间和精力都用于治水，根本也不在乎自己吃什么、穿什么。众人被禹因公忘私的精神所感动，更加积极地投入治水工作中。在大家坚持不懈的努力下，天下的水患终于被彻底治理好了。

不仅如此，在治水的过程中，禹还根据地理状况将天下分为九个州，划定了九州的疆域，率领众人疏通了九州的水道，修筑了九处湖泽堤坝，测量好九州的山系，打通了九州的道路，改善了各地的交通。

禹还让伯益给百姓分发稻种，教人们在低洼潮湿的地方种植水稻；让主管农业的弃给受灾的百姓调来应急充饥的食物。对于那些缺少食物的地方，禹就从富裕的地方调来食物补充储备，以备不时之需，也使各地的食物储备得以均衡。

禹在治水过程中还熟悉了各地的物产，根据各地的不同情况定下进献贡物的标准，一一汇报给舜帝。

禹治水成功，让境内四方都可安居乐业，中原天子的声威及教化遍及四海。

舜帝听了禹治水的经过后，非常感动，专门为禹举行了一场祭祀活动，并

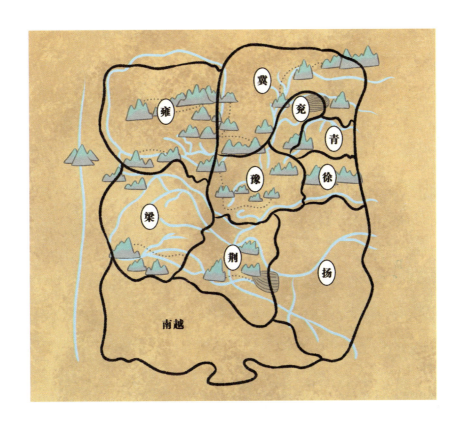

赐给他一块贵重的黑色玉圭作为奖励。

参与治水的其他人也都受到了封赏：契被封到了商地；伯益迎娶了舜帝家族中的一个女子为妻子，还做了掌管山泽和鸟兽的官。自那以后，伯益的家族就以驯养鸟兽为长。其他为这件事出了力的大臣们，舜帝也没有亏待他们，论功行赏，大家都心服口服。

禹虽然在治水一事上立了大功，但回来之后还是像以前一样为人低调，一点都不得意忘形。这一做法赢得了正直的司法官皋陶的尊敬。要知道，皋陶这个人，之前可是很少夸赞某个人的，但却曾因为禹的一番言论而希望天下百姓都能以禹为榜样。

舜帝见禹这么有本事，又看自己的儿子商均确实没什么能力，于是效仿尧帝的做法，将禹当成天子的继承人来培养。

十七年后，舜帝死在了去南方巡视的途中。大家都很伤心，尤其是他的两个妻子——娥皇和女英。据说，她们一路找到了那里，抱竹痛哭，泪水把竹子都染得斑斑点点的，这也正是"湘妃竹"的由来。

按照舜帝生前的意思，本该由禹来即位，但禹在三年丧期结束之后，也像舜那样将位子让给前任首领的儿子。但大家还是一致支持有能力的禹做首领，禹这才登上天子之位，将舜的儿子商均、尧的儿子丹朱都赐予封地，并供奉他们的先祖。

此后，禹就被人们尊称为大禹。

涂山大会

大禹即位后，定都阳城，召集各位部族首领在涂山（今河南省洛阳市嵩县一带）开了一场盛会。在涂山大会上，为了向大家表示自己成为新一任的首领，大禹把舜帝当初奖励给他的黑色玉圭高高举过头顶，首领们分列两旁，一起向大禹行礼，场面十分庄重肃穆。

大禹治水的功绩早已传遍四海，赢得了四方民众的爱戴。涂山大会后，为了表示对大禹的敬意，各方诸侯时常向大禹进贡冶炼好的青铜。

后来，九州所贡的青铜积攒得越来越多，大禹就像黄帝一样功成铸鼎，铸造了九个大鼎，即冀州鼎、兖州鼎、青州鼎、徐州鼎、扬州鼎、荆州鼎、豫州鼎、梁州鼎、雍州鼎。这九个大鼎上铸了各州的山川特产、珍禽异兽。

从那以后，九鼎就象征着九州，也象征着至高无上的王权。

当时，虽然很多部族都对大禹十分拥护，但西迁到三危山的三苗族却是个例外。大禹治水时整治了三危山一带的地貌，让那里变得更适合人们居住，然而三苗族人却不思感恩，反而积蓄力量再次作乱。于是，大禹决定带兵征伐三苗。这场战役使三苗几乎全军覆没。"三苗"这个称呼也几乎从历史舞台上消失了。

在涂山大会之后，禹就开始考虑起继承人的问题。本来，他选定了正直的司法官皋陶作为继任人选，但皋陶比他的年纪还要大一点，没等到即位就去世了。没有办法，大禹又选定了曾经一起治水的伯益作为自己的接班人，举荐于天。

在位的第十年，大禹去东方视察，考核诸侯的功绩，结果却死在了苗山。为了纪念大禹，人们把苗山改名为会稽山。会稽就是会合在一起进行考核的意思。

大禹死后，首领之位原本是应该由伯益来继承。但这一次与前两次的情况明显不同，伯益按照惯例把首领的位子让给了禹的儿子启，没想到因为他辅佐大禹理政的时日尚浅，根基不稳，而启比他更受百姓拥护，于是启顺理成章地做了首领。这是《史记》中的说法。

真实情况可能远没有这么和谐——《战国策》《竹书纪年》中说，大禹死后，启和伯益展开了一场激烈而持久的权力斗争。最终，启杀死了伯益，夺得了首领之位。

《史记》原典精选

禹伤①先人父鲧功之不成受诛,乃劳身焦思,居外十三年,过家门不敢入。

——节选自《夏本纪第二》

【注释】

❶伤:感伤,难过。

【译文】

禹为父亲鲧因治水无功而被杀感到难过,就不顾劳累,苦苦思索,在外面生活了十三年,几次从家门前路过,都没敢进去。

《山海经》

《山海经》是一部呈现中国上古文明的奇书。它成书于战国时期至汉代初期,作者不详,全书约3.1万字,分为《山经》与《海经》。《山经》记述了山川地理、矿产、珍禽异兽、怪蛇怪鱼和众多奇异的植物等;《海经》记述了海内外各国各族的奇特风俗、宝物及一些神话故事。二者共同组成这部奇特璀璨的上古百科全书,为人们研究上古时期的历史提供了重要的参考依据。

贰 · 老子死了儿继承
—— 夏启夺位,家天下

08 夏启袭位：老大实在不好当

人　　物：启
别　　称：夏启、帝启、夏后启
生卒年：不详
出生地：阳翟（今河南省禹州市）
历史地位：夏朝开国君主，开启"家天下"的王位继承制

人物小传

启做了首领之后，最初也想树立一个好形象，本着以和为贵的原则，善待自己的臣民。对一些于自己无碍的元老臣子，他还是非常敬重的。

比如，大禹之前看中的继承人皋陶，虽然早早就去世了，但禹还是把皋陶的子孙们封到了东南的六、英、许这三个地方，分别做小首领。启上位后，为了表示对皋陶的尊敬，依旧厚待他们。

征讨有扈（hù）氏

之后，启效仿父亲大禹的做法，在钧台召集诸侯开了一场大会，兴高采烈地把自己即位的消息告知四海。然而，令启万万没想到的是，联盟内的部族并不都是支持他的,他在钧台召开诸侯大会,一些诸侯根本就不来,简直是不把他放在眼里。

有扈氏就是其中力量最强劲的一支。

有扈氏反对启的理由很简单,是为了道义。

毕竟,在此前,部族联盟选首领的时候一直实行禅让制,只看德行,不讲血缘,就连大禹也是通过这样的方式获得首领之位。

大禹自己在选继承人的时候也没有徇私,之前选了正直的皋陶,后来选了有功绩的伯益,并且都有举荐于天。

现在,启却抢了伯益的位子,有扈氏觉得很不应该,所以经常不听启的命令,还一直嚷嚷着启应该把位子还给伯益。

已经登上天子之位的启当然就不乐意了。

"你们不支持我,我还看你们不顺眼呢!"

启之所以这么说,是因为早在大禹当政的时候,有扈氏就凭仗自己较强的实力,总想着取代夏后氏做部族联盟的首领。闹事闹多了,大禹就带兵去收拾他们。然而接连攻打了三次都没能将他们打服,后来推行教化才让他们安分了一段时间。

现在启一上位有扈氏就出来故意拆他的台,带头和他作对,启被气得不轻。最终,他决定新账旧账一起算,集结军队前去征讨有扈氏。

在开打前,启还在六军将领面前作了一篇讨伐誓师词:

"我是众望所归的天命之子,有扈氏不承认我,那就是蔑视天命,还怠慢了政事,这是上天要断绝他们的命数。"

有扈氏也不甘示弱,果断迎战。双方在甘地展开了一场大战,最后以有扈

氏战败而结束。甘地之战后，启毫不留情地将有扈氏的首领和贵族全部处死，把他们的平民世代罚为奴隶，专门从事畜牧工作。

启的这一招"杀鸡儆猴"很管用。本来，除了有扈氏外还有一些部族也不支持启，只是没有明确说出来，现在一看出头的有扈氏这个下场，顿时就都老实了。

眼看乱局平定下来，启又召开了一场大会。这一次，大家都乖乖地带着礼物前来庆贺。启见诸侯们这么懂事，也礼尚往来地摆了一场丰盛的宴席招待他们。

钧台之享

为了显示天子的富有，启在这次宴席上特意用青铜鼎、彝尊等器具来盛肉和装酒，还用了大量精美的陶器、竹器和木器。这样丰盛的酒食和精美的食器，让不少诸侯、方伯都大开眼界。宴饮过程中，还

有乐舞助兴，一片歌舞升平的景象。

说起来，启这个人非常喜欢歌舞和宴饮。他的音乐天分可能遗传自他的母亲女娇。相传，大禹治水的时候，女娇因为长期见不到大禹，十分思念，不知不觉间唱出了一首歌——候人兮猗，意思是"在等我盼望的那个人啊！"

这首《候人歌》被称为中国历史上第一首南方民歌。虽然通篇只有一句歌词，却情深意切，柔肠百转，十分动听。

启本人也能歌善舞，相传他曾在大乐之野跳歌舞《九代》，祭祀神灵。跳舞的时候，他左手拿着羽毛做的华盖，右手拿着玉环，腰间佩戴着叮叮当当响的玉璜，悦耳极了。

天子有所喜好，下面的幸臣自然迎合，他们遍访民间寻得一些新颖的歌舞演奏给启欣赏，启的生活也日渐奢靡起来。

启年事渐高，也需要考虑继承人的问题了。他不想搞禅让制那一套，而是想把位子直接传给自己的儿子。但他一共有五个儿子，大家吵吵嚷嚷，都想当天子。最小的儿子武观更是个急脾气，一度想要先下手为强，惹出了不少麻烦。

启被闹得心烦不已，干脆就把武观放逐到西河岸边，想让他好好反思一下。可是，四年过去了，武观非但没有吸取教训，反而变本加厉，起兵谋反。幸亏启早有预料，派兵镇压，这才免除了一场大乱。

启除了要防范儿子们的犯上作乱，还要提防野心勃勃的东夷联盟，尤其是其中强大的有穷氏，他们曾经活动于山东半岛一带。

有穷氏是一个善于造弓和射箭的部族。"穷"又通"穹"，有"弓"的意思。事实上，不仅是有穷氏，还有很多东夷部族也擅长这一技能。

追溯往昔，有穷氏也是有功绩的。在帝喾时期，他们就因为擅射获封，是世袭的射师；舜帝时，在丹水流域大败骦兜族的战争，他们也积极参与过。因为这些过往，有穷氏赢得了很好的声誉。也正因此，等到启即位时，他们发展得越来越好，已经成了中原部族首领的心头大患。

没等解决这个心头大患，启就病死了。

太康失国

启去世之后，他的几个儿子为了王位打得不可开交。最终，长子太康战胜了几个弟弟，成功即位。

太康一上台，就开始盘算着迁都的事情。大禹时期，定都在阳城（今河南省登封市）；启上位后没多久，就把都城迁到了阳翟（今河南省禹州市）；太康为了更好地发展自己的势力，又把都城迁到斟寻（今河南省洛阳市）。

迁都是件很费力气的事情，办完了这件大事后，太康就想躺平歇一歇了。毕竟，他能当上国君也真是不容易，应该好好奖励一下自己。带着这样的想法，太康开始每天醉心享乐，游玩打猎，一点正事都不管了，日子比他父亲过得还要逍遥。

在太康沉迷享乐的时候，有穷氏的首领后羿登上了历史舞台。他是个很有野心的家伙，在接连灭了好几个和夏后氏关系好的部族后，带领着族人一路向西，来到了嵩山北麓。

面对有穷氏日益逼近的威胁，太康并没有提高警惕，还是每天吃喝玩乐。

有一天，他心血来潮，带人去洛水南面打猎。没想到越玩越觉得有意思，在外面待了好几个月还不舍得回去。都城里长时间没有国君，早就乱成了一锅粥。

后羿一听说天子不在都城，就趁机发兵，不仅把都城攻占了下来，还把太

康的老母亲和弟弟们都抓了起来。

等太康玩够了回来,一下子傻眼了。可眼下都城已经被别人占了,他也没本事再去抢回来,只好悲悲戚戚地离开都城,四处流亡,没过几年就病死在外面。

得知太康的死讯,他的老母亲和弟弟们都很伤心。而占了都城的后羿也不太开心,因为他也面临着一个大难题。

本来,占领了都城后,他是想自立为王的,可是没等实现,他就发现事情

没有那么简单——自己在这里的根基并不牢固，比起自己，大家更愿意支持禹的后代。

虽然他也不是不可以凭借武力镇压反对者，但终归不是长久之计，耗费力气不说，也完全没有必要。没多久，他就想出了一个妙招——表面上，他假模假样地推太康的二弟仲康上位，实际上，却把大权牢牢掌握在自己手中。

就这样，七年过去了，仲康也病死了，后羿又拥立仲康的儿子相即位。

但可能终究还是不甘心，又过了一年，后羿觉得自己这几年在都城的势力培养得差不多了，时机成熟了，于是把相赶走，自己做了天子。这就是"太康失国，后羿代夏"的故事。

不过，故事到这里还不算完。后羿的所作所为全都被一个叫寒浞（zhuó）的部下看在眼里。这个寒浞也不是什么好人，他从后羿身上得到了一些邪恶的灵感。

"既然后羿能这么做，我为什么不能效仿一下呢？"这样想着，寒浞很快便找到机会杀死后羿，取而代之。

寒浞这个人，比后羿狡诈，也比后羿更心狠手辣。为了永绝后患，他不仅杀了后羿，还灭掉了后羿的所有后代。

除掉后羿和后羿的亲族以后，寒浞还是不能安心，因为夏朝王位的合法继承人相还活着，寒浞怎么能放过他呢？

《史记》原典精选

有扈氏不服，启伐①之，大战于甘。将②战，作甘誓，乃召六卿申之。

——节选自《夏本纪第二》

【注释】

❶伐：征伐。　❷将：即将。

【译文】

有扈氏不服从启的命令，启前往征伐，双方在甘地大战一场。开战之前，启作了一篇誓词，名为《甘誓》，他召集来六军将领，以这篇誓词训诫众人。

羿和后羿是不是一个人？

羿，也叫大羿，是我们熟知的神话人物。在神话传说中，他活跃于尧帝时期，神通广大，在十日并出时射下九个太阳，留下了"羿射九日"的传说。

而后羿，是太康时期有穷氏部族的首领，是历史上真实存在的人。他名字里的"后"字有两种说法，一种是说，"后"是夏朝统治者的尊称，因为羿曾夺了王权，所以称"后羿"；另一种说法是，后来的这个羿非常崇拜神话传说中的大羿，就给自己取名后羿，意思是"后来的大羿"。

还有一种说法是，有穷氏首领后羿是射日的大羿的原型，经过艺术加工才有了"羿射九日"的神话故事。这也不足为奇，因为当时很多部族首领都会被神化，很大程度上，这是因为人们对他们的尊敬，以及对他们能力的夸大和想象。

少康复国：满血复活的典范

人　　物：少康
别　　称：姒少康
生 卒 年：不详
出 生 地：有仍（今山东省济宁市金乡县）
历史地位：夏朝君主，在位期间，夏朝国力大大增强，开创了"少康中兴"的局面

像寒浞这样狠毒又醉心于权力的人，当然不会放过任何潜在的威胁。

寒浞有两个儿子，一个叫寒浇，一个叫寒戏。这两人自小跟着寒浞在军中成长，成年后，兄弟俩都长得高大威猛、英勇善战。

寒浞夺权后，就派自己的两个儿子四处寻找流亡在外的相。

"务必要找到他！"寒浞吩咐他们。

"遵命！"寒浇和寒戏齐声答道。从那以后，他们就各带一队人马四处追捕相。

相被追得没了办法，想到了从前和夏后氏关系非常不错的斟寻氏、斟戈氏，赶紧一路逃亡，去投奔他们。幸运的是，这两个氏族果然顾念旧情，收留了相。

可没过几天，寒浞就闻讯追赶而至。

为了保护相，斟寻氏和斟戈氏的首领带领着全族人和寒浞一行人打了起来。

尽管斟寻氏和斟戈氏的族人都非常勇敢，但还是打不过训练有素、来势汹汹的寒浞，最后以失败告终。在战斗中，斟戈氏的首领和贵族都被杀死了，只剩下一些平民；斟寻氏的首领和贵族虽然还活着，但也是元气大伤。

失去了保护伞，相最终被杀死了。

不过，好在相的妻子后缗（mín）趁乱逃了出来。这时的她已经怀孕了，挺着个大肚子一路向东，历尽千辛万苦逃回了娘家有仍氏的属地，躲了起来。半年后，生下了一个遗腹子，这就是少康。

少康复国

少康从小就很聪明，等他稍微明白一点事理以后，母亲就时刻教导他："你是相的儿子，也是夏朝王位的合法继承人。后羿把我们从家乡赶走，寒浞又杀害了你的父亲。这些事情你都要牢牢地记在心里。等你长大以后，一定要让他们得到应有的惩罚！"

虽然少康也很想践行母亲的话，但他实在太弱小了。小时候，他和同龄人一起在外祖父的有仍氏族里长大。少年时期，他当上了部族里的牧正官，掌管畜牧一类的事情。尽管他锻炼出了强健的身体，也学到了很多本领，但少康心里很清楚，想要对抗寒浞，这些还远远不够。

而且，少康还很担心一件事：如果让寒浞知道相还有一个儿子活着，绝对不会善罢甘休。而部族里人多嘴杂，很难保证不会走漏风声。

果然，有一天，寒浇突然带着很多人浩浩荡荡地冲进有仍氏的驻地，让族人们把相的儿子交出来。

"快跑，再不跑就没命了！"外祖父着急地对少康说。

少康虽然很挂念家人，但为了以后着想，还是头也不回地逃

跑了。他躲躲藏藏，辗转来到有虞氏的地盘上。

有虞氏是舜帝的后代，之前和夏后氏的关系也很好，有虞氏的首领听说他是相唯一的儿子，便好心地收留了他。"可怜的孩子，你就留在这里担任庖正吧！"庖正是掌管膳食的官员，也可以理解为厨师长。

等少康再长大一点后，首领见他行事很有章法，就把自己的两个女儿嫁给了他，还另外给他一块方圆十里的土地和五百名士兵，让他可以自立门户。

自那以后，少康就和妻子在封地纶邑暂时安定下来，生下了几个孩子，生活也渐渐恢复了平静。他在封地内推行德政，把封地治理得人丁兴旺，成了远近闻名的富庶之地。

但少康始终没有忘记母亲的教导，积蓄力量，图谋复国之事。知道此时自己的力量还不足以与强大的寒浞抗衡，心急的少康每天都少不了要唉声叹气。

"您这是怎么了？"一个名叫女艾的侍女关心地问。

少康知道这个侍女非常忠心，值得信任，就把一切都说给她听。

"我可以去寒浞那里为您打探消息！"女艾听完后毅然决然地说。

少康大喜，如果有人能打入敌人内部，与他里应外合，事情就简单多了。

果然，机智的女艾在不久后顺利潜到寒浞的身边，把情报源源不断地送回给少康。

不仅如此，事情的发展越来越顺利——

在女艾走后不久，远方的有鬲氏也听说了少康的消息，知道他在有虞氏站稳了脚跟后，带着斟戈氏和斟寻氏的遗民来找他，支持少康重新坐回国君的位置。

少康的外祖父听说了这件事后，也派出有仍氏的很多人前来助阵。

少康凭借着个人魅力，得到了有仍氏、有虞氏的帮助，广施德政而得到夏后氏遗民的拥护,身后支持他的人越来越多了。

"准备充分,可以找时机动手了!"少康派人去通知女艾。

很快,女艾便传回来寒浇过两天要出去打猎的消息,她认为这是一个动手的好机会。

因为女艾的情报及时又准确,寒浇在打猎途中毫无防备的情况下就被少康带人团团围住,当场丢了性命。

杀死寒浇后,少康接着派出自己一个名叫季杼的儿子,带兵去攻打寒戏。很快,季杼便杀死了寒戏,收复了他所在的弋城。

接连失去左膀右臂的寒浞,见大势已去想要自杀,但并没有成功,很快就被少康抓住。

成功灭掉寒浞父子后,少康回到自己的封地纶邑,以这里为都城重建夏后氏的统治。这段"满血复活"的事件就是中国历史上首个以"中兴"二字命名的时代,史称"少康中兴"。

少康成功复国后并没有放松警惕。虽然有穷氏的残部在寒浞父子死后纷纷迁徙到西南地区,但东夷的其他部族依然是很强劲的对手,并且一直对中原王朝不是很顺服。

于是,少康就把一个名叫无余的儿子封到越地(今浙江省绍兴市附近)为诸侯,一方面是为了方便随时监视东夷诸部的动向;另一方面,因为先祖大禹就葬于会稽山,无余到此地为诸侯也方便为大禹守墓、祭祀。无余到越地后,渐渐发展起来,形成了越国的前身。

除了无余以外,少康的其他儿子也都被分封了出去,只留下有治国之才的季杼在身边。季杼也是少康选定的王位继承人。

季杼东征

少康死后,儿子季杼(帝予)顺利继位。因为少年时期就跟着父亲南征北战,他十分清楚东夷诸部对夏王朝的威胁,所以继位后他也一直在积极准备

东征的事宜。

因为东夷士兵高大勇猛且擅长射箭和投掷标枪,在初期的作战中,夏朝军队损失惨重,一度难以向前推进一步。

"用什么能抵挡他们的武器呢?"季杼想到了坚硬的兽皮,开始尝试用兽皮做铠甲,让士兵穿在身上。还制作出适合远距离进攻的武器长矛,这样一来,果然大大减少了士兵的伤亡!

为了方便对东夷部族作战,季杼还把都城从原(今河南省济源市西北)向东迁到了老丘(今河南省开封市附近),由长子姒槐镇守在原来的都城。

经过这些战略部署后,夏王朝和东夷诸部的战斗打响了。季杼一路向东征伐,得到了很多沿途部族的支持,不仅降伏了东夷的各个部族,将他们一直打到东海边,还在降服东夷部族后用夏朝的文化教化东夷,让他们能融入夏后氏之中。

少康和儿子季杼所做的努力,让夏王朝安定了下来,国力强盛,疆域也在不断扩大。

《史记》原典精选

帝太康失国，昆弟①五人，须②于洛汭，作《五子之歌》。

——节选自《夏本纪第二》

【注释】

① 昆弟：兄弟。 ② 须：等待。

【译文】

帝太康丢失了国家，他的五个兄弟在洛水北岸等待他，作了《五子之歌》。

夏朝的官制

在夏朝，无论是夏王，还是其他部族的首领，身边都有一些直接为王室服务的官吏。比如掌管车舆礼服的"车正"，掌管畜牧的"牧正"，掌管膳食的"庖正"。"正"是官吏的通称。

官制是伴随着最初国家政权的产生而出现的，夏朝的官制已初见雏形。"王"是最高统治者，王下面最重要的官是"三正"和"六事"，这里的三正可不同于车正、牧正、庖正这些正，而是主管政事的高层官员，享有很高的地位。

孔甲养龙：龙肉真好吃

人　　物：孔甲
别　　称：姒孔甲
生 卒 年：不详
出 生 地：老丘（今河南省开封市）
历史地位：夏朝昏君

人物小传

平定了东夷之后，夏王朝很好地向大家展示了实力。此后很长的一段时间里，许多周边的部族都愿意依附于他们，俯首称臣。

季杼的东征扩大了夏朝的统治范围，他也因此被认为是继夏禹之后最出色的一任夏王。

在他之后，王位一代传一代，王朝和谐稳定，百姓丰衣足食。

不降内禅

那个时候，对夏后氏的统治造成威胁最大的要数天灾了吧。

夏王姒不降即位的第六年，就曾因为天灾导致收成不好，百姓吃不饱肚子，

生活在九苑一带的有莘氏发起了一场规模不小的叛乱。

幸好姒不降足够沉着冷静，他先是调动夏王朝的精兵平定叛乱，接着重用弟弟姒扃（jiōng）大力赈灾，有效地安抚了受灾民众，避免了出现更大的动乱。

也是在这个过程中，姒不降发现了弟弟姒扃工作勤奋、办事得当，就开始事事倚重他。从那以后，姒扃成了姒不降最重要的助手。兄弟俩齐心协力，把国家治理得蒸蒸日上。

后来，姒不降觉得弟弟的执政经验比自己更丰富，干脆在自己还活着的时候就把王位传给了弟弟扃。这种"禅让"的美德，让当时的人都称赞姒不降有上古圣贤之德行。

然而，对于这件事，姒不降的十几个儿子当然不乐意了。孔甲也是其中之一。

但父亲还健在，轮不到他们这些晚辈反对。他们虽然不敢说什么，却一直看姒扃不顺眼，处处使绊子。

在一众侄子们虎视眈眈的窥伺下，姒扃这个夏王做得心惊胆战。这种担忧也影响了他的儿子。没过几年，姒扃要考虑立继承人的问题了。他的儿子对他说："您还是考虑一下立堂哥孔甲为太子吧。他比我年长，又是大伯的血脉，夏王的位子本来就是他们这一支的呀！"

虽然姒扃心里也曾这么想过，但听儿子这么理所当然地说出来，心里多少还是有点不舒服。大臣们知晓其意，赶紧帮着提议立姒扃的儿子为太子。连续请立了三次，才终于让扃的儿子成为太子。

可这孩子根本就没有当天子的心思。就算后来继承了父亲的位子，心里也没有百姓，只顾着自己。

有一年夏天，天气炎热，中原地区四处爆发旱灾，很多人都被渴死、热死了。他身为国君却不想着解决民生疾苦，而是自己躲在别墅里舒舒服服的。也正因此，人们就用他的名字"廑（jǐn）"来指代"短暂居住的住所、避暑的别墅"，这一称呼很具讥讽性。

没过多久，天上出现了"幻日"。现在我们知道，这只是一种正常的大气光学现象，但在当时，人们看见天上一下子出现了好几个太阳，都觉得是不吉之兆。

廑也是这么觉得的："之所以如此，一定是因为我抢了堂哥孔甲的位子，上天怪罪于我。"

从那以后，廑就一直忧心忡忡的，没过多久就病死了。临死前，他反复交代大臣们，一定要让孔甲接替自己做夏王。

就这样，王位又回到了孔甲的手里。

孔甲乱夏

再说孔甲，他等了这么些年，终于上位了，当然要做一些大事。

他即位后的第一件事就是求雨。没多久天降大雨，旱情缓解，人们都觉得孔甲是上天庇佑之人。

可能孔甲也觉得是上天帮他得到了王位吧，即位后没多久，他就着手改革祭祀制度，专好鬼神之事，不修德政。生活还肆意淫乱，整日沉迷于歌舞美酒之中。

也是从这个时候开始，夏后氏的命数日渐衰败，诸侯纷纷失望叛离。

孔甲的行事作风有多离谱呢？从下面这两件事就可以一窥究竟。

第一件事就是他曾为了显示自

己的无所不能，甚至比天神还要厉害，任性妄为地改变一个人的人生。

有一次，他带了一群人去郊外打猎。忽然，狂风大作，天色一下子就暗了下来，连路都看不清。

孔甲一行人追着猎物越跑越远，迷路了。

他骑着马在森林里转来转去，忽然发现了一个小村子。恰好，村里有户人家正在生孩子，大家都跑来看热闹。

看着身份尊贵的孔甲骑在马上缓缓地走过来，说什么的都有。

有人说："看，这么尊贵的客人来了，是孩子的福分啊！"

也有人说："确实是福分，但这孩子出身低微，不一定能享受得了！"

前者的话，孔甲听了十分得意。后者的话，孔甲听了心里就不舒服了——我这么厉害，还不能让这孩子一辈子尽享荣华富贵吗？只要有我在，他有什么享受不了的？

他这么想着，就把这个孩子带了回去，当成自己的儿子一样抚养。

十几年过去了，这孩子长成了一个英武的少年。孔甲越看越喜欢，就动了想立他做自己继承人的念头。

万万没想到，突然有一天，又是一阵狂风怒号，把屋顶吹得崩裂开来，放在屋椽上面的斧头一下子掉下来，少年躲闪不及，被砍伤了脚，从此行动不便。

"看来这真是天意啊！"孔甲大失所望，不仅恢复了少年卑微的日子，让他去看守城门，还将此事作成一首名为《破斧》的歌，要他身边的人都学着唱，用来取乐。

相传，这首《破斧》就是最早的东方音乐。

第二件事就是孔甲与龙的故事。

这里说的龙,并不是真的龙,而是一种类似鳄鱼的动物,当时的人们把它们称作"龙"。

孔甲非常喜欢龙,但他自己不会养。

有一次,他得到了两条非常威风的龙,一雌一雄。但当时最会养龙的豢(huàn)龙氏家族已经衰落了,孔甲费了好大的劲儿才从别处另找来一个养龙高手,名叫刘累,是陶唐氏尧帝的后代。

"我向那个家族学过养龙,您就放心吧!"刘累拍着胸脯对孔甲说。

孔甲非常高兴,就把两条龙交给他养,还赏了他一块封地,赐他"御龙氏"的名号。

得了封赏的刘累,养龙养得很认真。可无奈他学艺不精,没过多久雌龙就被养死了。

这可怎么办才好呢?刘累吓得满头大汗。为了消灭证据,他竟然偷偷把这条死掉的雌龙做成肉酱给孔甲吃。

孔甲并不知道吃的就是自己心爱的龙,还觉得味道不错,连连夸赞。

又过了好几天,孔甲想起来去看龙,这才发现少了一条,剩下的那条也没精打采的。他就派人去问刘累这是怎么回事,刘累一见事情败露,吓得魂飞魄散,马上收拾东西跑得远远的,再也不敢回来了。

孔甲虽然很生气,但雄龙还活着,就得继续找人养。这一次,他找到了一个名叫师门的人。师门可比刘累厉害多了,没过多久就把那条雄龙养得精神抖擞,神采焕发。孔甲见了十分高兴。

师门养龙的技术虽然高超,人却是个直脾气。他有一套自己的养龙理论,每次在驯龙问题上与孔甲意见不合时,他就会批评孔甲,说孔甲不懂装懂。孔

甲哪里听得了这样的话呀，很快就让人杀了师门，还把尸体埋在荒郊野外。

然而，他自己心里也清楚，师门说得没错，在养龙方面他确实比不上师门。所以，师门死后，他又时常觉得心虚，心里一直非常忐忑。

师门死后没多久的某一天，大雨倾盆，还刮起了狂风，等到风雨终于停了，几道闪电惊雷劈下来点燃了城外的山林。

"这，这不会是师门的冤魂在作祟吧……"孔甲心惊胆战地想着，连忙赶到郊外去祭祀祈祷。然而这并没有什么用。孔甲祈祷完毕后，乘车返回，在路上就因为惊吓过度死在了车里。

《史记》原典精选

帝孔甲立,好方鬼神,事淫乱。夏后氏德衰,诸侯畔①之。天降龙二,有雌雄,孔甲不能食②,未得豢龙氏。

——节选自《夏本纪第二》

【注释】

❶畔:通"叛",背叛、叛离。 ❷食:饲养、喂养。

【译文】

孔甲即位以后,迷信鬼神,放纵淫乱。夏后氏的命数日渐衰败,诸侯纷纷叛离他。这时候,上天降下两条龙,一雄一雌,孔甲不知道如何喂养,也找不到善于养龙的豢龙氏。

养龙原来有传统

孔甲最开始想要找的那个家族,名为豢龙氏。

相传,早在舜帝时期,有一个名叫董父的人,擅长养龙,并以这种技艺世代侍奉舜帝,因此被赐名"豢龙氏",封于鬷(zōng)川,为董姓始祖。

鬷川在今山西省闻喜县东镇境内,是一处天然形成的大湖泊,因为董父在这里豢龙,又名董泽湖。

11 夏桀亡国：厨子手里翻了船

人　　物：桀
别　　称：癸、履癸、夏桀
生 卒 年：不详
出 生 地：西河（今河南省安阳市）
历史地位：夏朝最后一个君主

人物小传

孔甲在位的后期，就因为骄傲自大、暴虐无常，致使各个部族渐渐叛离夏后氏，夏朝开始走下坡路。这种情况一直持续了好几代，等到孔甲的曾孙夏桀即位时，叛离夏朝的诸侯越来越多，夏桀却不以为意，反而变本加厉地恣意享乐。

夏桀享乐

当时，以有施氏为首的一些部族不仅不给夏王朝进贡，还一连好几年都不来朝见夏桀。

有施氏这么做也是有原因的。夏桀当政时骄奢自恣、不修德政，有施氏就不再想依附夏王朝了。他们世代生活在蒙山（今山东省临沂市蒙阴县境内）一带，地理位置好，物产丰富，比较有实力，也不怕得罪夏后氏。

"我一定不能放过他们！"夏桀愤愤地想着，"之前他们可从来不敢这么对夏后氏，现在这么无礼，明显就是不把我放在眼里！"

尽管如此，夏桀也知道有施氏很强大，所以他集结了好几万人才敢气势汹汹地前去问罪。因为夏桀一方人多势众，虽然有施氏努力抵抗了好几个月，但最终还是被夏桀打败了。

作为胜利者，夏桀搜刮了大量的牲畜、粮食和美女带了回去。这些美女中，有一个名叫妹（mò）喜的姑娘，深得夏桀欢心。为了与妹喜饮酒作乐，夏桀大兴土木，修建了华丽的宫殿。妹喜说什么，夏桀没有不听从的。

"我要一个大大的酒池！"妹喜说。

"没问题！"夏桀不顾正值农忙时节，百姓要耕种田地，从全国各地征调

民夫来建造这个大酒池。

"酒池造好了,没有酒可怎么办呢?"妹喜说。

"这好办!"夏桀也不管人们要储备粮食过冬,强制征用这些粮食来酿酒,灌到酒池里。

"酒池造好了,该请人们来喝酒了呀!"妹喜说。

"没问题!"夏桀马上从全国召集来三千个酒量大的人,让他们在酒池里乘船畅饮。

这些人从没见过这么多酒,也没见过堆积得像小山一样的肉干,都非常高兴,吃喝玩乐忘乎所以,有的醉倒在酒池边,有的喝得晕晕乎乎的,掉进酒池里淹死了。

"哎呀,太好玩了!"妹喜看到这些滑稽的场景,非常高兴。妹喜一笑,夏桀就高兴了。

"我要听撕扯缯(zēng)帛的声音!"没过多久,妹喜又说。

"没问题!"虽然缯帛是很贵重的布料,但夏桀毫不心疼,丝毫不顾还有许多百姓衣不蔽体,每天都让人搬来大量的缯帛摆在妹喜面前,让她一匹一匹地撕着玩儿。

有大臣见夏桀这么荒唐,对他加以规劝,夏桀非但不听,还严厉地处罚他们。

成汤崛起

眼看着夏桀越来越暴虐、荒唐,一些诸侯实在是忍不下去了,比如夏朝方国商国的君主成汤。

商这个方国可以追溯到大禹时期,商人的始祖契因帮助大禹治水有功,被封于商邑。

后来，商族人就在商邑慢慢发展壮大。到了成汤做首领的时候，商国已经是一个大诸侯国了。

成汤为人仁慈，很受百姓的拥戴。

相传，他有一次出门打猎时，遇到了一个猎人，猎人一边在四面布置着细密的罗网，一边自言自语地说道："任它是天上飞的、地上跑的，我都要把它网住！"

"这怎么行呢？"成汤忍不住停下来劝他，"不要做得这么绝，还是放走一些吧。要是一下子就把鸟兽都捕光了，以后怎么办呢？"

猎人觉得成汤说得很有道理，就把大网撤去了三面，只留下一面的罗网。这件事传到了诸侯的耳朵里，大家都觉得成汤十分仁慈，连鸟兽都受到了他的恩惠。这也为后来成汤反夏桀时诸侯响应埋下了伏笔。

不过，就算是再厉害的首领，成就大业也需要一些得力助手。成汤很明白这一点，所以他礼贤下士，四处网罗人才。

这些人中，最有名的要数成汤的左膀右臂仲虺（huǐ）和伊尹了。

仲虺是一个奴隶主，从他先祖起就世代在夏王朝做官。当夏王朝江河日下时，仲虺高瞻远瞩，毅然加入了汤的队伍。

伊尹，本名伊挚，尹是他的官名。我们姑且称他为伊尹。他的出身要低一些，父母都是有莘氏首领家里的奴隶，母亲负责养蚕，父亲是首领家的厨师。因此，伊尹一生下来也是奴隶，长大以后和父亲一样成了首领家的厨师。

虽然地位低下，但是伊尹天资聪颖、勤学上进，自学便能领悟尧舜之道。因此在当厨师的同时，他又要"兼职"给有莘氏的贵族子弟当"师仆"。师仆

也就是奴隶主贵族子弟的家庭教师。

一个烧饭做菜的奴隶，竟然成了"有莘氏女师仆"，这件奇事一下子传遍了四方。

听说成汤的名声渐响，伊尹就想去投奔，然而却找不到见成汤的门路。恰逢当时成汤要迎娶有莘氏首领的女儿为妻。伊尹就收拾收拾包袱，作为陪嫁奴隶来到了成汤的身边。

最开始，伊尹还是做厨师，但他时常借着跟成汤谈论饭菜味道的机会谈论国事。成汤觉得伊尹讲的很多治国之道都很有道理，于是将他任命为官，对伊尹也愈发敬重。伊尹非常感激，从此开始为成汤出谋划策。

又过了一段时间，按照惯例，作为夏朝方国的商族人需要派人带着特产向夏桀纳贡了。为了了解夏王朝的情况，伊尹就主动向成汤提出要亲自去夏桀身边当"卧底"。

成汤欣然应允。

伊尹到了夏朝的国都后，很快就设法取得了妹喜的信任，得到了很多有价值的情报，也知道民众因为夏桀的暴政已经越来越不支持他了。

尽管如此，夏桀还是不以为意，狂妄得很。他将自己比作太阳，说自己的统治会和太阳一样永远存在。

百姓们恨透了他，都愤愤地指着太阳咒骂道："你几时灭亡？我们宁愿和你同归于尽！"

伊尹了解到这些情况后并没有冲动行事，他还侧面打听了一下诸侯对夏桀的看法。自大禹建立夏朝至今已有四百多年，夏王是公认的天下共主，在诸侯中很有威信，一些诸侯因为夏朝先祖的德行并不愿意反叛王室。

将情况了解清楚之后，伊尹回到了商，向成汤进言说："我觉得现在还不是讨伐夏桀的时候，夏王虽然暴虐无道，民有怨恨，但在诸侯中还有威信，只有等待时机再行动。"

成汤听从了伊尹的建议，一边悄悄紧锣密鼓地准备着讨伐夏桀的工作，一边静待时机。

恰逢这年爆发了严重的旱灾，邻国葛国的国君葛伯居然不按时祭祀，成汤以此为借口讨伐葛伯，还趁机灭掉了一些关系不好的部族，实力壮大了不少。

成汤思量着，是时候对韦、顾和昆吾三个部族动手了。

这三个部族是夏桀忠实的跟班，领地就在成汤的周围，时常监视着成汤的活动，并向夏桀打小报告，所以夏桀并不是不知道成汤的野心。

只不过，还没等夏桀集结军队去收拾成汤，有缗氏的首领就公开发动叛乱。等夏桀平定了有缗氏的叛乱后，元气大伤，暂时没有能力再去收拾成汤了。

夏桀不打算动手，成汤却厌倦了被人监视的生活，摩拳擦掌地准备去攻打韦国。不过，这次计划在谋划的时候就被夏桀知道了。

"虽然我暂时不能打服他，但也要给他个教训！"于是，夏桀随便编了个理由，把成汤召唤到都城来。

成汤毕竟还是夏朝的臣子，不得不去。等成汤一到都城，夏桀就命人把他关进夏台囚禁了起来。

在这危急的时候，伊尹再一次发挥了大作用。他马上让人搜集了大量的珍宝和美女，恭恭敬敬地送到都城献给夏桀，请求能释放成汤。

夏桀见有这么多好东西，又觉得经过这么一闹，成汤见识了自己的厉害，肯定老实了，也就同意放了成汤。

虽然成汤因此遭了一些罪，但却收获了出乎意料的结果。夏桀因成汤这件事在诸侯、方国之间引起了更大的恐慌，大家都怕一不小心就被夏王找个理由囚禁了，于是纷纷叛夏桀附成汤，成汤的实力再一次大大加强。

成汤灭夏

成汤回去以后，立马按照之前的计划发兵灭掉了韦、顾两国。夏桀在听说成汤攻打韦、顾两国的消息后，马上召集来"九夷之师"，要去攻打成汤。

成汤也本想接着去灭掉昆吾，进而灭夏，但伊尹再一次阻止了他。

"时机还不成熟，夏王还能召集来如此多的军队，此时征伐胜算不大，不如我们先找个借口纳贡请罪，以待来日吧！"

成汤听从了，暂时收兵，给夏桀送去大批财宝请罪。夏桀看到成汤的请罪文书和贡品后，骄傲得不得了，于是收兵回去继续享乐了。

夏桀的荒淫无道，连老臣终古也忍受不了了，带着典籍逃出夏都，投奔成汤。当这个消息传来时，伊尹对成汤说："是时候了。"

恰逢这时，不肯善罢甘休的昆吾氏趁机作乱，于是成汤发兵率领诸侯前去讨伐昆吾，进而攻打夏桀。

在出发前，成汤洋洋洒洒地发表了一篇誓师词《汤誓》，历数夏桀的罪状，以示自己是替天行道，号称"武王"。他还申明了赏罚制度，一时之间军心大振，势不可当。

夏桀带兵出来迎战，双方在有娀氏的故地打了一仗，夏军很快被打败。夏桀率领残部逃到了鸣条的郊外，又再次被成汤的大军追上，双方展开激烈交战。交战这天，风雨交加、电闪雷鸣，成汤的军队不避雷雨，勇猛前行，一路高歌猛进，势如破竹。夏桀的军队被打得七零八落,最终夏桀带领五百多人,一路逃到了三朡(zōng,今山东省菏泽市定陶区北)。

三朡也是夏王朝的一个方国,三朡的首领对夏桀非常忠心,见他兵败逃来,立刻排兵布阵,想帮他对抗成汤。但成汤的军队实在太强大,他们不费吹灰之力就杀了三朡的首领,俘虏了夏桀,将夏桀流放至南巢的亭山。

"如果我当初在夏台就杀了他,哪还会有今天的事呢?"夏桀被流放以后追悔莫及,没多久就病死了。

夏桀有此下场,一方面是因为他昏庸无道,另一方面也是因为成汤不拘一格,重用了厨师出身的伊尹。

对了,夏桀并不是这位夏朝末代君王的真实姓名,他姓姒,名履癸,桀不过是胜利者成汤馈赠给他的谥号,有"凶暴"之意。

《史记》原典精选

帝桀之时，自孔甲以来而诸侯多畔夏，桀不务德而武伤百姓，百姓①弗②堪。

——节选自《夏本纪第二》

【注释】

❶百姓：百官贵族。 ❷弗：不。

【译文】

帝桀在位之时，因为自从孔甲在位以来，诸侯就有很多叛离了夏朝，而桀又不修德行，反而用暴力伤害百官贵族，百官贵族不堪忍受。

百姓以前并不是普通人

如今，我们把普通民众称作"百姓"，但这个词最初是用来称呼贵族或官员们的。"百姓，百官族姓也。"也就是说，只有和首领一起统治民众的百官，才有资格被称作"百姓"。平民称"黎庶""黎民"或"黔首"。战国之后，百姓才用于称呼平民、普通人。因此，如果在典籍中看到这个词，一定要注意一下当时的年代，不要闹了误会才好。

叁 甲骨传承有文化
——殷商崛起,传承文字

盘庚迁殷：王朝续命二百年

人　　物：盘庚
别　　称：般庚、子旬
生 卒 年：不详
出 生 地：不详
历史地位：商朝很有作为的君主，"盘庚迁殷"的发起者

人物小传

　　成汤打败夏桀后，就率军回到了亳，这时商的声威已达四方，各地的诸侯、方伯纷纷带着礼物前来朝贺，表示臣服。成汤对前来朝贺的诸侯也是以礼相待，经过了一番推辞客套之后，成汤终于在大家的拥戴下登上了天子位，成为第一任商王。

　　成汤成为商王之后的第一件事就是发表了一篇"就职宣言"——《汤诰》，苦口婆心地告诫诸侯要以夏桀为反面教材来严格要求自己，要以先贤为榜样为民造福。

　　而他在临政后先是修改了历法，将夏历的寅月为岁首改为丑月为岁首；又改变了器物、服饰的颜色、样式等，以白色为正色；还把群臣朝见天子的朝会改在白天举行。

在对待夏桀的后代方面他也是实行仁德,没有赶尽杀绝。成汤把他们封到一个叫杞的地方,让他们继续在那里繁衍生息,奉祀宗庙。这也正是后来周朝时期诸侯国杞国的由来。

伊尹放太甲

成汤修持德政十几年后,渐渐也老了。本来,他是想把位子传给大儿子的,但他的大儿子太丁尚未等到即位就去世了,因而商王之位就传到了太丁的弟弟外丙手里。这期间,一直是由伊尹继续辅佐商王理政。

没过几年,外丙就去世了,王位传到了弟弟中壬手里。中壬即位才四年,也去世了,伊尹又找来太丁的儿子太甲,让他做了商王。

一开始,太甲还算守规矩。可是,很快,他就开始纵情享乐,不理朝政,怎么劝都没有用。这分明是不遵守成汤即位时立下的规矩,辅政的伊尹就将他放逐到成汤墓地附近的桐宫,想让他好好反省一下。

好在太甲及时反省,弃恶从善,过了三年之后,伊尹便又将他迎了回来,继续做商王。经过一番反省的太甲德行俱佳,很快便赢得了诸侯的归顺,百姓也因此得到安宁。伊尹很赞赏他的做法,于是作了《太甲训》三篇,用来褒扬他。太甲去世后,伊尹继续像老师一样辅佐他的儿子沃丁,直至去世。

商王之位传到太戊这一代时,伊尹的儿子伊陟(zhì)也成长起来了,像他的父亲一样当上了国相,继续辅佐当时的商王太戊。

太戊在位时发生过一件怪事,亳都的朝堂上有一棵桑树和榖(gǔ)树长在了一起,一个晚上就长成双手合抱的围度。太戊很害怕,就去询问伊陟。伊陟

劝说道:"我听说怪异的事物无法战胜美好的德行,出现此等怪事难道是您的政令还有什么不足吗?不如您努力修整德行,祸害自然就能免除。"太戊听从了他的建议,不久后,怪树就枯死消失了。

除了伊陟,太戊还得到了巫咸为臣子,三人合力让已经开始出现衰势的商王朝再度兴盛起来。

可这不过是昙花一现。因为商王传到太戊的儿子仲丁以后,王位的继承又出问题了。商王经常不立儿子而改立兄弟为继承人,导致侄子和叔叔争着继承王位,闹得不可开交,常常引发战争。最终只能是你做几年,我做几年,谁也做不长久。

商王朝初年，除了王位更迭频繁外，都城也是经常搬迁。谁做了商王，为了王位能坐得安稳长久、方便统治，就把自己的老巢作为都城，于是就需要迁都。就这样，换一个王就差不多要迁一次都城。

而频繁迁都，还有一部分原因是要躲避洪水。黄河水患频发，迁都也就成了常事。

这种混乱的局面一直持续了九代，直到盘庚即位才有所改变。

盘庚迁都

盘庚即位时，接手的完全是个烂摊子。因为王室长期的内部斗争，商朝已经十分衰弱了。都城更是常常闹水灾，有一次洪水甚至把整座城池都淹没了。

所以，盘庚上位后的头等大事就是找一个环境好、适合长期居住的地方稳定下来发展，把混乱的秩序恢复过来。

"去哪里找一块好地方呢？"盘庚暗暗盘算着。

从那以后，他就开始留心各地的情况。经过对比，他发现亳是个难得的好地方，那里土壤肥沃、风调雨顺，不仅适合耕种，山林里还有很多猎物，足以养活人民。

"我们把都城搬到亳吧！"盘庚兴高采烈地对贵族们说。

然而，他的这个想法，并没有得到多少人的支持。

"自从商朝建立到现在，都城都搬迁过好几次了。怎么又要搬？"

"这里住几年，那里住几年，这种日子什么时候是个头啊？"

就连贵族们也不愿意支持盘庚，毕竟迁都是一件很耗费时间和精力的事情，他们贪图安逸，不想费力。

一些反对迁都的贵族还偷偷散播谣言，煽动平民反对迁都。

但盘庚并不怕有人搞破坏。他耐心地劝说这些人，摆事实，讲道理。

"你们不要担心，我是想把都城搬到更好的地方，事情要是成了，对大家都有好处。"

"等搬迁到亳，我们就可以恢复先王成汤时制定的政令，像我们的先祖一样安定天下，这是一件能够成就功德的事情呢！"

渐渐地，有不少人被说服了。而对那些继续故意捣乱的人，盘庚就发布严厉的政令，强制他们服从。

就这样，盘庚带领着人们，一路迁移到亳，建立新的都城，开始新的生活。

此后，盘庚大力提倡节俭，悉心治理民众，恢复成汤时的政令，百姓由此得到安宁，商朝的国运再一次昌盛起来。

自盘庚往后，商朝的都城都定在这个地方，直到二百多年后武王伐纣，商朝灭亡。

有人说，盘庚的这次迁都，力挽狂澜，让已经开始衰败的商王朝得以续命二百年。

《史记》原典精选

帝盘庚之时,殷已都河北,盘庚渡河南,复居成汤之故居,乃五迁,无定处。殷民咨①胥②皆怨,不欲徙。盘庚乃告谕诸侯大臣曰:"昔高后③成汤与尔之先祖俱定天下,法则可修。舍而弗勉,何以成德!"乃遂涉河南,治亳,行汤之政,然后百姓由宁,殷道复兴。

——节选自《殷本纪第三》

【注释】

❶咨:叹息声。 ❷胥:全部,与"皆"的意思相同。
❸高后:伟大的先王。

【译文】

帝盘庚在位的时候,殷商已经定都黄河以北,盘庚渡过黄河来到南岸,重新在成汤的故居定都,至此一共迁都五次,没有固定的地方。殷商民众都叹息怨恨,不想再迁徙。盘庚就告谕诸侯和大臣说:"从前伟大的先王成汤和你们的祖辈们一起平定天下,传下来的法度应该遵循。如果舍弃这些而不努力推行,怎么能成就德业呢?"于是渡过黄河,南迁到亳,遵行成汤时的政令。此后,百姓的生活渐渐安定下来,殷朝的国运也得以兴盛起来。

盘庚迁都究竟迁到了哪里?

关于盘庚这次迁都的地点,史书上有几种不同的记载:《史记》作"亳";《竹书纪年》作"殷",《尚书》作"亳殷"。

现代史学家多认为是殷,也就是今天的河南安阳小屯村。因为在这里发现的殷墟遗址中有大量的宫殿、宗庙、王陵遗址和甲骨文、青铜器、玉器、宝石器等珍贵文物,足以证明是商朝后期王都所在。

所以,极有可能是商代称"亳"的地方有多个,司马迁将盘庚迁都的亳(今河南安阳)误认为是成汤最初定都的亳(河南商丘)了。

13 武丁中兴：国君出奇招，奴隶变国相

人　　物：武丁
别　　称：子昭
生 卒 年：？—公元前1192年
出 生 地：不详
历史地位：复兴商朝，开创武丁盛世

人物小传

　　盘庚为了迁都，大力肃清了商朝王室和旧贵族的势力，也就相当于从内部把各个不稳定分子清理了一遍。等到他的侄子武丁做了商王，又从外面把那些不听话的方国收拾了一遍。

　　武丁小的时候，王位的争夺很激烈，他的父亲小乙不想让他卷入其中，就把他送到民间生活，直到自己成功即位后，才又把他接回来。

　　后来，武丁接替父亲做了商王，只有老臣甘盘辅佐他。

　　武丁心里面很清楚，很多贵族并不支持自己，想要站稳脚跟就得有得力的助手。同时，也不能太高调，万事都要小心谨慎才好。因此，在他即位的前三年里，政事全都交由太宰甘盘来决断，他甚至从没发表过任何有价值的政见。

故而大家都觉得,这个新的商王非常平庸,没什么能力。

然而,这三年里,他一直都在暗中观察国内的情况,想找到一些合适的助手,帮他重新振兴殷商。

托梦寻圣

突然有一天,武丁对甘盘说:"昨晚我梦到了一位圣人。有了他,商朝一定可以特别兴旺。"

"他叫什么名字?"甘盘问。

"他叫说(yuè)。"武丁说。

"大臣里没有叫这个名字的呀。"甘盘想了想后说。

"可能在民间吧。我还记着他的样子,可以把他画下来。"武丁说着,真的这样做了。

甘盘看过后,对武丁的话深信不疑,就让人将画像临摹出许多份,再派大臣们拿着画像去民间找人。

最终,一位大臣真的在傅险(一名傅岩,在今山西省运城市平陆县东)这个地方找到了一个名叫说的人,长得和画像上一模一样!

因为是在傅险找到的,所以后世也称他为傅说。

傅险地处交通要道,却又地势险峻,只要稍微下点雨,就会把山坡上的石头冲下来,轻则堵塞道路,重则把道路砸坏。于是这里常年有大量奴隶修筑防水防洪工程。

找到傅说时,他正和奴隶们一起用木板和黄泥打成模子,修筑防洪堤坝,以保护道路。

大臣把傅说带到武丁面前。

"就是他！就是他！"武丁高兴地说。

这件事听上去有些奇特。武丁怎么能只凭做梦就梦到了从未见过面的傅说，还知道他是圣人呢？

实际上，更为可信的一种说法是——武丁从前在民间生活的时候就认识傅说，二人是关系不错的老朋友。因此，武丁做了商王之后才想到了这个办法，让傅说来到身边辅佐自己。如果直接说要重用傅说，难免会有大臣反对，但经过武丁这么一番托梦造势之后就不一样了。

不过，真相如何并不重要，武丁得到傅说后，马上重用他为国相。而傅说果然很有才能，帮助武丁把国家治理得蒸蒸日上。

这么一来，国家内部总算安定了，然而边境的几个方国却开始不老实了，尤其是朔方、土方和羌方。

平定边疆

朔方位于今内蒙古河套地区；土方的活动区域挨着商朝的西北部边境，主要活动在今天的山西、陕西、内蒙古沿线，这两个地方的人都以游牧为生，屡次侵扰商朝边地和属国，烧杀抢掠，影响恶劣。

为了赶走他们，保卫国土和人民，武丁多次发兵征讨，最后干脆领兵亲征，花了两三年时间将朔方、土方彻底打服，这才暂时解决了北方边境的问题。

羌方的活动区域挨着商朝的西部边境，主要活动于今天的陕西西部和甘肃一带。他们拥有广阔的土地，众多的人口，实力不容小觑。并且，他们很狡猾，一会儿对商王朝俯首称臣，一会儿又背叛商朝。这种摇摆不定、变化无常让武丁十分恼怒，在打败朔方和土方后不久，马上就派大军去攻打他们，让他们不敢再随意造次。

平定北方与西方后，武丁还继续派兵征讨南方的各个方国，最终使商朝扩疆数千里，势力范围西起甘肃，东至海滨，北及大漠，南逾江汉，成为一个幅员辽阔的强大国家。

武丁在位五十九年，内用贤臣、外用良将，平复了商王朝的内忧外患，使域内的百姓得到安定的生活环境，国家出现了空前繁荣的局面，史称"武丁盛世"，又称"武丁中兴"。

《史记》原典精选

帝武丁即位，思复兴殷，而未得其佐。三年不言，政事决定于冢宰，以观国风。武丁夜梦得圣人，名曰说。以梦所见视群臣百吏，皆非也。于是乃使百工①营求②之野，得说于傅险中。是时说为胥靡③，筑于傅险。见于武丁，武丁曰是也。得而与之语，果圣人，举以为相，殷国大治。故遂以傅险姓之，号曰傅说。

——节选自《殷本纪第三》

【注释】

❶百工：即"百官"。　❷营求：寻求、寻找。
❸胥靡：服劳役的奴隶或刑徒。

【译文】

　　帝武丁在位时，想要重新振兴殷商，却没有找到合适的助手。他三年没有发布政令，政事都由冢宰决断，他借此机会观察国内的情况。武丁在一天夜里梦见一位圣人，名叫说。他根据梦中看到的样子观察群臣百官，都不是那个人。于是他派百官到民间去寻找，终于在傅险找到了说。当时说是个服劳役的奴隶，在傅险筑防洪堤坝。说被带去见武丁，武丁确认就是这个人。武丁和说谈论，发现他果然是个圣人，就任用他为相，殷商于是太平安定。于是就以傅险为他的姓氏，称为傅说。

版筑

　　《孟子·告子下》中说："舜发于畎亩之中，傅说举于版筑之间。"
　　傅说在成为国相之前，每天从事的工作就是筑坝护路，那时候筑坝采用的方法被称为版筑法，也叫夯筑法。大致来说，就是立起两块木板，往木板中间填土，再用特制的夯杵把土捣坚实。因为"板"通"版"，夯土的过程为"筑"，所以得名版筑。这种方法还被古时候的人们用来筑土成墙，建造房屋。
　　这种古老的技术可以追溯到四千多年前的龙山文化时期。在龙山文化遗址中，考古学家发现有相当长一部分围墙都是用这种技术建造而成的。

14 妇好善战：王后也能做战神

人物小传

人　　物：妇好
别　　称：母辛、后母辛、后妇好、妣辛
生 卒 年：不详
出 生 地：今河南东部、山东西南部一带
历史地位：中国历史上有据可查（甲骨文）的第一位女性军事统帅，同时也是一位杰出的女政治家

武丁之所以能取得如此大的成就，和他的妻子妇好也有一定关系。

妇好不仅是武丁的王后，还是为武丁带兵东征西讨的战将和出谋划策的臣僚。

妇好本是商王朝北部一个方国的公主，但她和人们传统印象中的公主不太一样：她聪明美丽，一点都不柔弱，反而高大健壮，勇武极了。

据说，她少女时期就可以将一把重达九公斤的长柄斧子耍得虎虎生风，让人看了眼花缭乱。后来，这把斧子也成了她常用的拿手兵器。

妇好长大成人后，武丁恰好想通过联姻的方式加强与妇好所在方国的联系。

于是，妇好就嫁给武丁，做了商朝的王后。

婚后，二人感情很好。在那个时候，土方不停地骚扰商王朝的北方边境，这让武丁十分烦躁。更令人郁闷的是，接连派了好几次兵，都没收到什么好的效果。

"让我去试试吧！"妇好主动向武丁请战道。

"还是再等等吧。"武丁虽然清楚妇好智勇双全，但行军打仗可不是闹着玩儿的，不到万不得已，他并不愿意让自己的王后去冒险。

然而，前线的坏消息一个接着一个传来，妇好再次请战，为丈夫解忧。

武丁想了又想，实在没有别的办法，只好勉强同意了。

"无论发生什么，你一定要注意安全！"临行前，武丁对妇好千叮咛万嘱咐。

"知道了，你就放心吧！"妇好说完，就带着大军浩浩荡荡地出征了。

妇好征战

也许是因为妇好出身于北边的方国，更了解当地的敌人；也许是因为妇好的确很有军事才能……总之，妇好到达边境没过多久，商王朝的军队就在妇好的带领下大获全胜了。

"没想到我的王后这么厉害！"听得捷报频频传来，武丁高兴得简直要跳起来了。更让他欣慰的是，虽然参与了很多次战斗，但妇好几乎毫发无伤。

从那以后，武丁终于放心地让妇好带兵打仗。妇好就此成了南征北战的女将军，后来还做了商朝的最高祭司，掌管祭祀大权。

武丁对妻子刮目相看，从此对妇好非常信任。在与羌方的战斗中，武丁竟然毫不犹豫地将一万三千名士兵交给妇好统领，这已经是当时武丁手里一半以上的兵力了。而妇好也没有辜负武丁的厚爱，她带着这些人奋勇厮杀，很快就打败了羌方，还俘获了大批的羌人俘虏。

每逢妇好得胜归来，武丁都会放下手头的事，带人出城迎接凯旋的大军。有一次，他在预定地点兴奋地等了很久也没等到归来的妇好，就策马一直向前迎，最后竟然足足迎出了八十多公里。

"哎呀，那不是我的王后吗！"终于，武丁迎接至郊外，远远地看到了队伍前列的妇好，激动得策马狂奔。妇好也看到了武丁，赶紧快马加鞭地跑过来。两人并驾齐驱，高兴极了。

武丁也并不总是放心妇好一个人带兵出征。在平定了西方和北方以后，南方的巴方国（今湖北西南部）也开始不老实了。

"这次我和你一起去！"武丁对妇好说。

攻打巴方的时候，这对夫妇展示出了惊人的默契。妇好提前在西南方向设下埋伏，武丁则从东面展开攻势，两人分工合作，把敌人赶进包围圈中一举歼灭。

对于武丁来说，妇好就像女战神一样，攻无不克、战无不胜。她先后平定了鬼方等二十多个方国，为商王朝立下汗马功劳。所以在平定四方后，武丁论功行赏时，并没有因为她已经是王后了就忽视她或者忌惮她，而是按照功绩赐给她一块富庶的封地和"好"的氏名。

在封地之内，妇好拥有一切事务的管理权，并需要和其他诸侯一样按时向武丁纳贡。武丁还允许她保留三千多名亲兵，而在当时，很多方国的国王都没有这么庞大的军队。

妇好祭祀

妇好还可以参与政事，为武丁出谋划策。武丁也经常授命王后妇好担任贞人，也就是占卜官，代他主持祭天、祭先祖、祭神泉等各类祭祀活动。当时的人们崇尚天命，每逢大事必要先占卜祈问鬼神，而能充当问神之人的占卜官，必然是武丁统治集团的重要成员和武丁最信任的人。

不过，也因为身兼数职，妇好经常会因为理政和征战离开王宫，和武丁聚少离多。

妇好和武丁育有多个子女，甲骨卜辞里留下了多处武丁贞问妇好是否怀孕、是否能顺利分娩的记载。有学者根据甲骨卜辞中的线索及出土的青铜器物推断，武丁的三个儿子中，祖己或许是妇好所生；武丁的一生中至少还有过两个女儿，一个叫子妥，一个叫子媚，即子妥鼎和子媚鼎的主人，其中有一个可能也是妇好的女儿。

这两个女儿长大后，也都像妇好一样担任商王朝的官员，并拥有自己的封地。

祖己则是非常有名的孝子，不仅为人温和沉着，颇有君子之风，还十分关心父母。父母要是生病了，或是有烦心事睡不好，他一晚上可以起床好几次照看，生怕父母有什么事情需要自己。因为侍亲甚孝，故而被称作"孝己"。

有记载说，某一次，武丁祭祀先王成汤的时候，用鼎盛好了祭祀的食物摆在祭案前。第二天，不知从哪里飞来了一只野鸡，站在鼎耳上扯起嗓子叫个没完。

武丁害怕不已，觉得不吉利。急父母之所急的祖己就耐心开解道："您不必担心。昏庸的君主才会被上天惩罚，以纠正他们的德行。您是明君，继位以来对待民众尽心，祭祀天地诚恳，所以不会遭厄运的。"

武丁听完，心里舒服多了。此后也更加注重德修，施行仁政，天下臣民无不称颂。由此可见一个会说话、有孝心的儿子对父亲是多么重要。

尽管妇好的身体不错，但长期领兵打仗还是大大地损坏了她的健康。她在三十多岁的时候就去世了。武丁非常伤心，把她埋葬在处理政务的屋子旁边，希望妻子可以一直陪伴自己。

武丁为妇好准备了大量的陪葬品，以极高的规格将她下葬，不仅体现了武丁对妻子的敬爱之情，更展现了妇好生前丰富多彩的生活。

妇好去世多年后，武丁仍然对她念念不忘。每当国家有战事，武丁都要亲率子孙大臣，为妇好举行大规模的祭礼，请她的在天之灵保佑自己能够旗开得胜。

然而，国家不可没有王后。没过多久，武丁便迎娶了新的王后。新王后对祖己不好，武丁觉得如果继续把祖己留在身边，会惹来很多不必要的麻烦，就打算让祖己像自己年轻时候那样，去民间历练一番。

可惜，祖己不太理解父亲的苦心，被外放后没过多久就郁郁而终了。

本来武丁是把祖己作为继承人培养的，可惜祖己去世得早。祖己去世后，武丁只好从剩下的儿子中挑选继承人。祖庚和祖甲先后继位，但武丁的这两个儿子都没什么才能，在他们的治理下，商朝又开始日渐衰落。

《史记》原典精选

帝武丁祭成汤,明日①,有飞雉登鼎耳而呴②,武丁惧。祖己曰:"王勿忧,先修政事。"

——节选自《殷本纪第三》

【注释】

①明日:第二天。 ②呴:鸣叫。

【译文】

帝武丁祭祀成汤,第二天,有一只野鸡飞来,站在鼎耳上鸣叫,武丁为此惊惧不安。祖己说:"大王不必担忧,先办好政事。"

商人的名字中为什么有这么多甲乙丙丁?

在商代,王室和贵族的名字中,经常包含"甲乙丙丁戊己庚辛壬癸"这些字。例如,妇好又被称为母辛。

相传,上古时期天上有十个太阳轮流出现,分别用十天干加以代称,也就是"甲乙丙丁戊己庚辛壬癸"。商代盛行"日名制",也就是以天干作为名字的尾字。

生前称私名,死后得日名,日名代表祭祀他的日子,会被刻在青铜器上。例如,商汤的私名是汤,日名是天乙或大乙,也就是说,在乙日到来的时候,大家会祭祀他。

15 公刘与古公亶父：种地总有大用处

人　　物：公刘
别　　称：姬刘
生 卒 年：不详
出 生 地：泾河中游
历史地位：周朝祖先、周族首领

人物小传

　　王位传承又过了几代，到武乙做商王的时候，甚至连天地都不敬了，经常口出狂言，侮辱天神。

　　他经常不按帝王之规行事，因厌恶群臣们假借天道制约他的行动，就让人制作了一个木偶，说它是天神，和它"较量"，代替"天神"投掷的人只要输了，他就去侮辱"天神"。

　　他还曾经让人用皮革做成袋子，装满鲜血挂在高处，用箭射它。要是射中了，就狂妄地大笑着说："看呀，我多厉害，天都被我射得流血了！"

　　这么不知天高地厚的武乙，在一次外出打猎时遭遇雷击，当场丧命。迷信鬼神的百姓、群臣都觉得他是因为不敬天神才遭到了惩罚。

武乙去世后，他的儿子文丁继任商王。文丁没有武乙那么暴虐，但商朝毕竟衰落已久，文丁能力有限，根本无力回天。

更何况，早在他即位之前，西方的周族人就已经崛起了。

周族崛起

从血缘上来看，周族人和商族人同出一源——商族人的始祖是契，周族人的始祖是弃。他们都是帝喾的儿子。

不知道你是否还记得，我们之前讲过，弃因为从小就特别喜欢种庄稼，所以在他长大后，帝尧就将他任命为农师，也就是主管农业的官员，教百姓种植五谷。舜帝在位时期，弃被封在了一个叫邰的地方，号称后稷，以姬为姓，世代为农师。直到夏朝建立，弃这一支的地位都一直没有改变。

弃去世后，他的官职由儿子不窋（zhú）继承。然而，在不窋晚年，夏王朝自己都乱成了一锅粥，根本没有心思重视发展农业，不窋也失去了官职。

不窋只好带着族人离开家乡，一路向西，逃到了戎狄人居住的地方（今甘肃省庆阳市附近），开始新的生活。

新生活刚开始非常困难。当地不仅十分荒凉，周边更是环伺着大大小小的游牧部族，个个民风彪悍，都不好惹。为了保护族人，不窋领着大家住进窑洞里，又在外围修建了城池。住的问题解决后，不窋开始重操起家族的老本行，致力于种地，根据土地的实际情况决定可种植的农作物，还养起了猪、牛、鸡等动物，族人的日子才慢慢好过起来。

真正让族人过上好日子的，是不窋的孙子公刘。

他名叫刘，"公"是人们对他的敬称。实际上，因为周族人的始祖姓姬，按照现在的说法,他的姓名是姬刘。但因为历史上习惯于称他为公刘,我们在这里也就延续这个称呼。

公刘上任做首领的时候,经过前面两代人的努力,情况已经缓和了不少。族人们吃得饱、穿得暖,不仅把原来的城池扩大了好几倍,还开采出来了矿石,锻造了武器,有能力保卫自己不被周边游牧部族欺负了。

周围的人见种地有这么多好处,纷纷前来投奔。周族人发展得越来越好。

公刘的儿子庆节继位之后,在豳(bīn)这个地方建国,继续经营周族的基业。豳国慢慢发展成了夏王朝西部一个重要的方国。

周人迁岐

到了古公亶父这一代,更是如此。人们尊敬他,就像尊敬公刘一样。他继任后,继续大力发展农业,对待民众也很仁慈、宽和。

古公亶父经常以身作则,和民众一起劳作。每年春天,他都带领全家人一起亲自去田里耕种。到了夏天,他顶着酷暑或暴雨,和人们疏浚河道,灌溉庄稼。经过如此精心养护,秋天就成了收获的季节,年年都是大丰收。古公亶父干起农活来总是身先士卒,一点都不含糊,收割、打碾、贮藏……样样在行。转眼冬天来了,地里没有多少农活,他也不闲着,充分利用这段时间走街串巷,挨家挨户地了解问题,对人们嘘寒问暖。

在古公亶父的带领下,周族人将后稷、公刘传承下来的基业发展得越来越好,族人生活得十分安定、其乐融融,也渐渐积累了一些粮食和财富。

见他们的日子过得这么好,周边一个叫薰育的戎狄部族看着眼红,就来欺负人了。

"你们不就是想要财物吗？拿走吧！"古公亶父大义凛然地说，"不要伤害我的族人。"

强盗们毫不费力地抢了财物，大摇大摆地走了。

当人们觉得这件事就算过去了的时候，这些尝到了甜头的强盗没过多久又来找麻烦了。

"这次我们不仅要财物，还要你的土地和人民！"他们蛮横地对古公亶父说。

周族人听了，都觉得他们欺人太甚，义愤填膺地表示，想要和这些游牧部族决一死战。

"不要这样。"古公亶父劝大家，"做首领的，该让族人过得好才对。现在我却让你们陷入战争的威胁，真是太不应该了。如果再让你们去打仗，万一谁有个三长两短，作为首领的我就更过意不去了！"

"那您说怎么办呢？"

"是啊，难道就这样被他们欺负吗？"人们都气愤不已。

"你们忘了吗？这里本来也不是我们的家呀！当初，我们的祖先克服诸多困难，一路来到这里谋生。如今，我们遇到了问题，当然也可以离开这里，寻找新的家园呀！"古公亶父说。

大家都觉得他说得很有道理，纷纷赞成。于是，在古公亶父的带领下，周族人又扶老携弱，一路渡过漆水、沮水，翻过梁山，来到岐山脚下的周原定居。他们摒弃了在戎狄时的习俗，重新盖房子、建邑落、开田地、设衙署，开始新生活。

他在周原建立了诸侯国，以岐邑为都城，得到了商王朝的认可。

这件事传开以后，很多部族都觉得古公亶父仁慈极了，跟着这样的首领准没错儿，于是纷纷前来投奔。古公亶父对他们一视同仁，统统表示欢迎。

太伯奔吴

古公亶父有三个儿子,大儿子叫太伯,二儿子叫虞仲,小儿子叫季历,三兄弟的品行都很好。小儿子季历是太姜所生,所娶的妻子太任也很贤惠,不仅相貌端庄,举止有礼,还孝敬公婆,是远近闻名的好媳妇。

季历与太任的儿子姬昌很小就非常聪明,也被教育得很好。

"我这个孙子以后一定能成大事!"古公亶父曾这么夸奖他,还多次流露出要把位子传给他的意思。

姬昌的两位伯父也很喜欢这个侄子,在知晓了父亲古公亶父的意思后,并没动过抢夺首领之位的念头,反而是找了个机会去了遥远的南方,再也没有回来过。

他们走后，古公亶父就只有季历这一个继承人了，首领之位自然顺利地交接到季历的手中。

季历继位后，加强了与中原商王朝的政治联系，他曾在公元前 1114 年，亲自前往都城朝见商王武乙。

他秉承父亲古公亶父遗留下来的治国之道，坚持仁义，从不主动欺负别人。但如果游牧部族胆敢进犯，他也从不害怕，在与周边游牧部族的几次战争中，不断扩张军事实力，成为商朝后期西边比较强大的一个部族。

但他并没有要造反的意思，在打败这些游牧部族后，季历每次都会按照惯例向商王献上大量的俘虏和战利品。

然而，周族的强大还是引起了商王朝统治者的不安。

一开始，文丁还以为自己多了一员猛将，十分高兴，还封季历为"牧师"，也就是西边的众诸侯之长，授予他杀伐大权，希望他继续帮助商王朝安定边境。

可是，眼看着季历的战功越来越多，军事实力越来越强，诸侯都十分敬佩他，甚至归顺于他，文丁心里就不舒服了。

"要是继续这样下去，难免哪一天他会想要顶替我的位置！"文丁这样想着，就开始盘算自己的计划了。不久之后，他假借封赏之名，召季历进京。然后趁季历来都城朝见、毫无防备之时，派人软禁了他。但是名义上，他封季历为"方伯"。

季历根本没有叛商的想法，突然被这么对待，觉得受了天大的委屈。一气之下，季历想通过绝食来和文丁抗争，但文丁根本没有当回事，可怜的季历就这样被饿死了。

《史记》原典精选

公刘虽在戎狄之间,复修后稷之业,务耕种,行地宜,自漆、沮度渭,取材用,行者有资,居者有畜①积,民赖②其庆。

——节选自《周本纪第四》

【注释】

❶ 畜:通"蓄",积蓄。 ❷ 赖:依赖。

【译文】

公刘虽然生活在戎狄中间,仍整治起后稷的本业,从事耕种,巡行考察土地适宜种什么,从漆水、沮水渡过渭水,伐取木材使用,使得出门的人有旅费,居家的人有积蓄。民众的生活都依赖他而变得好起来。

窑洞——农耕文明的摇篮

在中国北方的陕甘宁地区,地表分布着非常厚的黄土层,外加属于高原地形,因而这一地区又被称作黄土高原。周族的先祖曾经来到这里生活,充分利用高原沟壑地形,凿洞而居,开创性地发明了窑洞这种居住形式。

《诗经》中有记载:"古公亶父,陶复陶穴。"陶,通"掏",有挖掘的意思。也正是因为有了挖出来的窑洞,人们住得安全舒适,农业才得到了大力发展,周族人才慢慢强大起来。

姬昌访贤：下一盘灭商大棋

人　　物：姬昌
别　　称：周文王、西伯昌
生卒年：约公元前 1152 年—约公元前 1056 年
出生地：岐周（即周原，今陕西省宝鸡市岐山县、扶风县一带）
历史地位：周朝奠基者

人物小传

　　季历死后，文丁觉得总算除掉了一个大麻烦，安心了不少。

　　他觉得，季历人都已经死了，没必要再留着他的尸体，就派人把季历送回了家乡。

　　季历的儿子姬昌在看到父亲的尸体时，十分悲愤。父亲因为商王的猜忌，就这么不明不白地死在了王都。即便他十分清楚现在的自己还不足以和商王朝抗衡，但对商王的记恨却已经根植于心，与日俱增，一刻都没有停止过。

　　想要为父亲报仇，就要变得更加强大才行。

　　姬昌很清楚这一点，所以，在接替了父亲的位置后，他效仿先祖，大力发展农业；笃行仁义，尊老爱幼，把周族治理得井井有条。

并且，像那些贤明的首领一样，他也十分注重网罗人才，对贤能的人以礼相待。只要听说哪里有适合辅佐自己的人，他都会亲自前去，热情地邀请对方来帮助自己治理民众。

人们听说他这么求贤若渴，纷纷前来投奔他。据说，他每天为了接待这些前来投奔的士人，往往到了中午还来不及吃早饭。

在姬昌得到的贤明之士中，对他帮助最大的，是一个名叫姜尚的人。

姜太公钓鱼

姜尚的先祖曾经是"四岳"之一，辅佐大禹治水，立下了很大的功劳，后来被封在一个叫吕的地方。所以，姜尚也被叫作吕尚。

那时候的人们不只有氏、有姓、有名，也有了字。人们在不便直呼其名时，就会称呼他的字。姜尚的字是子牙，所以后世大名鼎鼎的姜子牙，也正是他。

虽然姜尚的祖上很有名气，但从夏朝开始，他们家族的人就没什么大作为了。等到了他这一代，地位已经和平民差不多了。虽然姜尚自幼勤奋好学，熟知天文地理、军事谋略，有一肚子才华，但始终没有找到用武之地。

姜尚也曾动过辅佐商王的念头，但纣王的残暴无道让姜尚实在不愿与他为伍，所以很快就离开了。

幸好，机会只要来了，什么时候都不算晚。在姜尚七十多岁的时候，终于遇见了贤德之名在外的姬昌。他们的相遇据说是这样的：

有一次，姬昌要出去打猎，临行前他占卜了一卦，结果说："所得到的不是龙不是螭（chī），不是虎也不是熊，而是能够成就霸业的辅佐者。"果然，他在河边遇到了正在钓鱼的姜尚。

两人交谈了一会儿以后,姬昌发现这位老人非常有见识,就对姜尚说道:"我的先君太公曾经预言,一定会有一位圣人出现,使周族变得兴旺。现在看来,说的就是您吧?您一定要和我一起回去,帮我一起治理族人。毕竟,我们太公已经盼望您很久了。"

姬昌说的太公,是他已经去世的父亲季历。

姜尚见姬昌这么热切诚恳,也就答应了下来。

姬昌非常尊重姜尚,不仅高兴地邀请姜尚与自己同乘一辆车一起回去,回去以后,更是马上就将他任命为军师。为了表示对姜尚的敬重,他还称呼姜尚为"太公望",所以后人又称呼姜尚为"姜太公"。

在姜尚和一些其他贤能之人的共同帮助下,姬昌把周族治理得越来越好了。

《史记》原典精选

吕尚盖尝穷困,年老矣,以渔钓奸①周西伯。西伯将出猎,卜之,曰:"所获非龙非彲②,非虎非罴,所获霸王之辅。"于是周西伯猎,果遇太公于渭之阳,与语大说,曰:"自吾先君太公曰'当有圣人适周,周以兴'。子真是邪?吾太公望子久矣。"故号之曰"太公望",载与俱归,立为师。

——节选自《齐太公世家第二》

【注释】

① 奸:通"干",干谒,进见。 ② 彲:通"螭",无角的龙。

【译文】

吕尚曾经非常穷困,到了年老的时候,才通过钓鱼见到周西伯侯昌。西伯当时准备外出打猎,临行前占卜,占卜的结果说:"所得到的不是龙不是螭,不是虎也不是熊,而是成就霸业的辅佐者。"于是西伯侯便外出打猎,果然在渭水北岸遇到了太公,和他交谈后非常高兴,说道:"早就听我的先君太公说过,'会有圣人到周国来,周国会得以兴盛'。您就是这个人吧?我们的太公盼望您已经很久啦。"所以便称吕尚为"太公望",邀请他和自己一起乘车回去,尊为军师。

神话与历史并行的太公文化

一部小说《封神演义》,让姜太公(姜尚)这个角色增添了许多神话色彩。姜太公在历史上确有其人,是辅佐武王伐纣灭商的功臣。小说《封神演义》中将他塑造为昆仑山玉虚宫元始天尊门下的阐教弟子之一,被派下山辅佐武王姬发灭商建周,代理封神。姜太公也因为这个形象而被人们熟知。

17 纣王暴政：不作死也不会死

人　　物：纣王
别　　称：子受、帝辛、辛、纣、受德、受德辛、
　　　　　殷辛、后辛
生 卒 年：？—公元前1046年
出 生 地：朝歌（今河南省鹤壁市淇县）
历史地位：商朝最后一任君主

人物小传

　　再看商朝这边，自文丁之后，商王朝继续走下坡路。文丁死了以后，他的儿子帝乙即位。帝乙有三个儿子，大儿子叫子启，二儿子叫仲衍，他们的母亲地位低贱，因此没有资格继承王位；只有小儿子辛是王后所生，因此辛得以继承王位，也就是帝辛。

　　帝辛正是商王朝的最后一任王——商纣王。

　　纣王即位后，就把两位哥哥一起分封到微国，所以人们又称他们为微子启、微仲衍。

　　纣王遗传了祖先的很多优点——他天资聪颖、能言善辩，足以应对臣下的劝谏；他身高力大、反应快，可以徒手和猛兽搏斗……但也继承了先代商王的一些缺点，比如骄傲自大、狂妄任性、不敬天地……

因为身强体壮，武功高强，纣王尤其喜欢带兵打仗。他在位期间，东征西讨，把商王朝的势力拓展到东部沿海一带，而且亲自领军深入南方，征服了长江流域的大部分方国。

打仗是一件特别费钱的事。商王朝自纣王往上数，好几代都是骄奢淫逸的君主，本来就没有积攒下来多少财富，很快被纣王消耗光了。

荒淫征敛

从夏朝开始，统治者想要敛财，基本只能靠两种方式：第一种是靠方国进贡，第二种就是向民众征税。其中，第二种占的比重更大一些。

纣王没钱了，第一反应也是伸手向民众要钱，增加赋税。

可连年的征战已经让民众的生活变得很贫困，再加重赋税，民众根本就没有活路了。

可纣王不管这些，他不仅要钱，还马上就要，一分不少地要，所以经常会有士兵强征赋税、欺凌弱小的情况出现。

在繁重的赋税压力下，民众的生活变得越来越糟糕。而纣王为了玩乐修建的鹿台却很快堆满了从四处搜罗来的奇珍异宝，在钜桥修建的粮仓也装满了粮食。

他扩建了沙丘的苑囿和亭台，派人捉来数不胜数的珍禽异兽，专门养在苑囿里；还从全国各地找来乐师，编排了新的歌舞，供他和宠妃妲己观赏取乐。

"这都是些什么筷子呀，一点都不好看！我有那么多象牙，为什么不拿它们做筷子呢？"有一次，纣王突发奇想，对手下的工匠这样说。

事情传到了他的叔叔箕子那里,箕子悲叹道:"今天他能用象牙做筷子,明天说不定就要用玉石做杯子。他奢华的日子从此算是没有尽头了!"

炮烙忠良

纣王每天奢华的生活大概就是这个样子。那么,作为商王,他又是怎么处理政务的呢?

他基本不处理,政务都是交给宠臣去主持。

他有几个宠臣,其中一个叫费仲,还有一个叫恶来。

费仲是纣王的表弟，和狂妄自大的表哥不一样，费仲很有眼色，擅长溜须拍马，还十分贪财。纣王每天被他哄得特别开心，时间一长，就把很多政务的处理大权毫不吝啬地交给了他。

恶来是治水功臣伯益的后代。成汤灭夏的时候，恶来的祖先负责为成汤驾车，立下大功，就此成了贵族，世代负责为商王驾车。一直到恶来的父亲蜚廉时仍是这样。

恶来不仅车驾得好，还是个大力士，因此深受纣王的喜欢，时常陪在纣王身边，受到重用。

费仲贪财图利，在政事处理上让商王朝的民众对纣王更加不满；恶来喜欢诋毁别人，诸侯也因此更加疏远纣王。纣王身边围绕的全是这样的大臣，国家被治理得乌烟瘴气、乱七八糟。民众一提到纣王，就只能摇头又皱眉。周围的方国也开始不尊敬他。

"不听话没关系，狠狠收拾一顿就好了！"纣王非但不好好反思自己，反而变得更加残暴。他发明了炮烙等酷刑，想通过惩罚的方式，迫使人们屈服。当时的臣民都生活得战战兢兢，没有一个人能确保自己性命无忧。

囚禁西伯

不过，即便纣王昏庸至此，周族的首领姬昌也没有轻举妄动，对纣王依旧表现得十分恭顺。因为此时他在西部诸侯中的势力最大，所以纣王就将他与九侯、鄂侯一起任命为三公，也就是地位最高的三位大臣。

没过多久，纣王还娶了九侯的女儿。

这对九侯来说，并不是一件好事。很快，因为一点小事，喜怒无常的纣王不仅杀了这个女孩,还连带着残酷地处死了九侯。鄂侯出面为九侯求情,也一并被杀死,尸体还被做成肉干,用以威慑别的大臣。

至此,三公只剩下姬昌一个人。但他很快也遭了殃。

听说了九侯和鄂侯的遭遇以后,姬昌忍不住在私下里叹息。这件事被崇侯虎知道了,汇报给了纣王。

纣王觉得姬昌这是对自己心生不满,又看到周族发展得越来越好,对自己是极大的威胁,也开始打起了姬昌的主意。没过多久,他就像文丁抓季历一样,

也把姬昌抓了起来，囚禁在羑（yǒu）里的监狱里面。

不过，有了父亲季历的前车之鉴，姬昌并没有赌气把自己饿死，反而耐着性子，等待营救。他在监狱里平心静气，还认认真真地研究起八卦来，被囚的这几年，他将伏羲八卦推演为六十四卦，著成了《易》一书。

姬昌被囚，他在西岐的族人和臣子都心急如焚。他们千方百计寻来有莘氏的美女、骊戎氏的彩色骏马、有熊氏的九辆马车，以及其他奇珍异宝，通过纣王的宠臣费仲献给纣王。

"哎呀，这么多的好宝贝，任何一件都足以让我赦免姬昌了！何况还有这么多！"纣王见了珍宝以后非常开心，马上就同意放了姬昌，还赏赐给他弓箭和斧钺，让他拥有征伐的大权。

而姬昌也假装从这件事中得到了教训，对纣王更加恭敬了。

姬昌归西岐

姬昌归西岐后，一直在暗地里做善事。不久之后，他还献出洛水以西的一大片土地，请求纣王废除残酷的炮烙之刑。

纣王见自己可以平白得到一大块土地，毫不犹豫地答应了他的请求。

这件事传开之后，大家更加拥护姬昌了。纣王虽然暂时得到了土地，却永远地失去了民心。

本来，按照惯例，方国之间有矛盾时，会请商王出面裁决争端。但姬昌被囚这件事一出，人们见纣王贪心又残暴，都把他当成摆设，有什么事情都开始找仁慈的姬昌解决。

据说，曾经有虞国、芮国两个小国，因为边境的土地问题发生了矛盾，两

国准备派使臣去找姬昌评理。二人刚进入周族人的地盘，就看到耕种的人彼此谦让土地边界，谁也不愿意多占别人一分，民间都把谦让长者当成风俗。

两位使臣顿时感到很惭愧，对彼此说："我们所争执的，正是周人所鄙视的。我们还有什么好争的呢？应该向周人学习啊！"

最后，二人没有去见姬昌，而是彼此谦让着离开了。周人凭借着相互谦让的风气，悄然化解了一场纠纷。

诸侯们听说了以后，纷纷称赞："西伯大概就是秉承天命而生的君主了。"

《史记》原典精选

帝纣资辨捷疾,闻见甚敏;材力过人,手格猛兽;知①足以距②谏,言足以饰非③。

——节选自《殷本纪第三》

【注释】

① 知:通"智",智慧。 ② 距:通"拒",拒绝。

③ 非:过错。

【译文】

帝纣天资聪颖,有口才,行动迅速,接受能力很强,气力过人,能徒手与猛兽格斗。他的智慧足以拒绝臣下的谏劝,他的话语足以掩饰自己的过错。

称呼大变身——姬考还是伯邑考

说到姬昌的大儿子姬考,很多人可能并不熟悉,但如果提起伯邑考,大家就都知道了。实际上,他们是一个人。那么,姬考为什么又叫伯邑考呢?这是因为,古人并不总是以姓称呼一个人,也可以按排行和官位。排行以"伯仲叔季"为顺序,"伯"用来称呼大哥,而"邑"则是指官位(一说"邑"指国家,代表他世子的高贵地位),于是,姬考也就被称为伯邑考了。

18 姬发灭商：君子报仇，一百年都不晚

人　　物：姬发
别　　称：周武王、武王发
生 卒 年：？—约公元前 1043 年
出 生 地：岐周
历史地位：周朝开国君主

　　周族人就这样悄悄扩大自己的势力范围，一步步向着商王朝统治的核心地区靠近。

　　姬昌扩大势力的手段有两种：一种是通过施行德政，赢得人们的拥戴，吸引别的方国或部族前来投靠；另一种就是讨伐，对于不听从自己命令，坚决拥护纣王的，他会毫不犹豫地起兵征讨。

　　但姬昌的讨伐，和前人的讨伐不太一样。

　　他从不滥用武力。每次发兵前，他都要反复规训将士们——只要打败对方的军队，抓住首领和贵族就可以了，万万不可侵扰普通民众。

　　姬昌仁爱的声名远播，哪怕是敌对方境内的民众也对他十分敬佩。有些地

方的人们，甚至没等他带兵前来攻打，就主动向周族人投降了。

有大臣听说了这件事后，慌张地跑去报告纣王："周族人离我们越来越近，民众都不站在我们这一边了，您打算怎么办呢？"

"担心这个做什么？我生下来就是王，这才是上天的安排！"纣王继续自大地说，"民众站在姬昌那一边又能怎么样？他们大得过天吗？"

孟津观兵

没过几年，姬昌就讨伐了犬戎和密须，还灭掉了耆国。

周族人的土地越来越多，渐渐连成一大片，从西边一直延伸到东边来。

为了方便统治，姬昌就把丰邑建设为新的都城，从岐山搬过来定居，然后继续向南发展。

搬到丰邑的第二年，姬昌就去世了，谥号文王。他的儿子姬发即位，也就是后来的周武王。

此时，周族人已经蚕食了商朝三分之二的土地和人口。

姬发即位后，姜尚作为老臣继续辅佐他，被尊为"师尚父"。

姬发还有许多兄弟，也是他成就大业的好帮手。除了大哥伯邑考早逝之外，弟弟姬旦、姬奭（shì）、姬高等人都尽心竭力地辅佐他，继承文王的遗业。

众人拾柴火焰高。在大家的帮助下，姬发继续积攒实力，把来投靠的方国和原来的周族人融合到一起，让大家团结起来，齐心协力。

在姬发继位的第九年，他觉得自己准备充分了，于是先在毕地祭祀文王，然后前往东方检阅部队，目的地是孟津这个地方。途中，他将文王姬昌的灵牌供于军帐中，以姬昌的名义起兵，制定了严明的奖赏和惩罚措施，准备讨伐纣王。

行军途中吉兆不断，有八百诸侯不约而同地来到孟津会盟。

大家都说，此次讨伐纣王必胜。

但武王认真分析了一番，觉得纣王还有不少贤臣辅佐，天命未到，还不是战胜他的时候。

姬发强忍着国仇家恨，又让各位诸侯回去了。听到这一消息，纣王更加肆无忌惮了。

忠臣离心

此事之后，纣王愈加残暴无道，越来越陷入众叛亲离的境地。

纣王的庶兄微子启，是商王朝末年有名的三位贤臣之一。见弟弟把国家治理得乱七八糟，他没法坐视不理，多次前来规劝。

"行了，行了，别说了。"纣王总是很不耐烦。

"他这么不听劝，早晚会亡国。这可怎么办才好？"微子启非常着急，打算要像古代的贤臣那样，不惜以生命为代价劝谏君王。但他又有些拿不定主意，于是找到太师和少师商讨这件事。

"还是不要这样做了吧。"太师无奈地说。

"如果这样做有用的话，我们一定不会拦着你。但国君现在上不畏天、下不畏民，狂妄自大，胡作非为，就算你以死劝谏，很可能也没什么效果，国家的局势最终也得不到好转。不如你尽早离去吧，还能明哲保身。"

微子启听从了太师的建议，就

此辞去官职，远离纣王。

对于微子启的离开，纣王非但没有觉得可惜，反而非常高兴。他觉得少了一个人在自己耳边唠唠叨叨，总算能清静几天了。

箕子是纣王的叔叔，也是商王朝末年有名的三位贤臣之一。

早在纣王用名贵的象牙制作筷子、用稀有的玉石制作酒杯时，箕子就曾数次劝谏。但如果纣王只是这样，还不算太糟糕。只要还有人愿意帮他，就还有回旋的余地。

现在，就连他的亲哥哥微子启都被气走了，纣王竟然还觉得是件好事，这就太糟糕了。

箕子赶紧来见纣王。

纣王还是一副不耐烦的样子。

有人就劝箕子说："要不您也像微子那样尽早远离他吧。"

"不行，我不能走。"箕子坚定地说，"虽然国君听不进去我的劝说，但如果我就这么走了，不就是在彰显国君的过失吗？人们如果知道了，对他的印象不是更坏了吗？我不忍心这么做。"

但乌烟瘴气的朝堂他也待不下去了，只能无奈地拂袖离开。

商王朝末年的第三位贤臣，是纣王的另外一位叔叔比干。他和纣王的父亲帝乙关系非常好。帝乙去世前，曾经反复嘱托比干，要好好辅佐纣王。

比干的性格比箕子强硬得多，听说箕子在纣王那里碰了壁，气得七窍生烟，打算亲自出马规劝纣王。

"就算你杀了我，我也要说这些话！"比干大义凛然地对纣王说。

"你这些年真是太荒唐了，最近更是任性到了极点！我不怕你听到这些不高兴,我既是你的叔叔,也是你的臣子,如果我因为贪生怕死不敢规劝你,受苦的终将是民众!"

"你既然这么想死,我就成全你!"纣王见比干当着大家的面这么训斥自己,非常生气。他马上命人杀了比干,还让人把比干的心挖了出来,试图给别的大臣一点颜色看看。

"比干作为王叔,地位那么高,都被杀了。我要是再说什么,下一个死的说不定就是我……"众大臣都被威慑住了,再也不敢多说话了。

箕子听到比干的死讯,非常难过,同时也彻底认识到了纣王的心狠手辣、六亲不认。为了自保,他干脆披头散发,装疯混迹于奴隶之中,从此隐居不出,借弹琴抒发自己内心的悲愤。

就算是这样,纣王也不打算放过他,派人将箕子囚禁了起来。

眼看着纣王连自己的兄弟叔伯也能下得去狠手,那些和他没有血缘关系的大臣个个害怕得不行,很多人都离开都城,前去西岐投奔姬发。就连太师疵和少师强也各自抱着祭祀用的乐器前去投奔周族人了。

"现在,就连他最亲近的人都离他而去,是时候讨伐他了。"

姬发再次号召诸侯,集结了四万多人的军队,浩浩荡荡地前去讨伐纣王。

《史记》原典精选

微子数①谏不听,乃与大师、少师谋,遂去②。比干曰:"为人臣者,不得不以死争③。"乃强谏纣。

——节选自《殷本纪第三》

【注释】

① 数:数次。 ② 去:离开。
③ 争:通"诤",照直说出人的过错,叫人改正。

【译文】

微子数次进谏纣王,纣王不听从,就和大师、少师谋划,于是离开了纣王。比干说:"做别人臣子的,不能不照直说出对方的过错,叫人改正,哪怕为此赔上自己的性命。"于是强硬地劝谏纣王。

文死谏,武死战

"谏"这个字是个形声字,从言,柬声。言,表言语;柬,有分类挑选的意思。"谏"这个字的本义是:就一些问题的解决方案进行推敲,并给出最佳建议。后来引申出在帝王做出错误选择时直言规劝的意思。

周文王时,曾设有"保氏"一职,负责以礼义匡正君王、教育贵族子弟,这是历史上最早的谏官设置。历史上还有许多敢于进谏的谏官,唐太宗时期的魏徵就是最典型的一个例子。

19 殷商遗民：最后的忠诚

人物小传

人　　物：箕子
别　　称：子胥余、朝鲜文圣王、仁献公
生卒年：不详
出生地：殷（今河南省安阳市）
历史地位：纣王的叔叔

在姬发的带领下，周族的大军一路向东行进，途中，他们遇到了孤竹国的两个王子，伯夷和叔齐。

孤竹国是商王朝一个重要的诸侯国，他们可能与商王同姓，一直为商王镇守着北方边境，地位尊贵，对商王朝也是忠心耿耿。

本来，孤竹国的国君有三个儿子，他最喜欢小儿子叔齐，希望由小儿子来继承王位。但按照规矩，王位应该传给大儿子伯夷。国君死后，伯夷想尊重父亲的遗愿，让三弟继承王位，但叔齐却觉得这样不合规矩。

让来让去，二人先后逃离了都城，最后由二王子亚凭当了孤竹国国君。

伯夷和叔齐兄弟俩离开都城后，去了海边生活。

叩马而谏

几十年过去了,兄弟俩上了年纪,听说周族发展得不错,社会风气也好,西伯姬昌还会奉养老人,就决定去那里生活。

万万没想到,还没等他们到达那里,姬昌就已经去世了。他的儿子姬发正载着父亲的灵牌,带着大军要去讨伐纣王。

他们拦在姬发行军的路上,义正词严地对姬发说:"你的父亲过世,你作为新任首领,不好好思索怎么治理国家,让他安息,反而忙着发动战争,真是太不孝了。身为商朝的臣子,你竟然要推翻商王,实在是太不仁义了。"

"哪里来的老头儿,竟然对我们主上这么无礼!"还没等姬发开口,两边的卫兵就气得不行,恨不得冲上去杀了他们。

"算了吧,他们也是忠义的人。"姜尚拦住卫兵们,好言好语地将他们送走。

经过这个小插曲之后,大军继续行进,几个月后,终于抵达商王朝都城郊外的牧野,列阵待发。

武王伐纣

姬发选择在二月甲子日清晨誓师，只见他左手拿着黄色的钺，右手举着用白色牛尾做成的旗子，站在六军将士的正前方，大声对众将士说：

"各位将士，一路辛苦了！纣王沉迷美色，不理朝政，任由奸臣把持朝政、横行霸道，把国家搞得乌烟瘴气。今天，我们要代上天执行惩罚，去讨伐他了！"

纣王听说姬发带人来打自己，赶紧派费仲领兵迎战。虽然他临时召集了七十万大军来抵抗姬发，人数上比姬发多很多，但因为纣王暴虐无度，士兵们都不愿意为纣王作战。大家都盼着姬发的军队快点攻过来，甚至有不少纣王的士兵都调转武器攻打纣王一方，为姬发的军队开路。

没等开战，纣王的军队就溃散了。费仲死于乱军阵中，恶来也被周军杀死了。

眼看着兵败如山倒，纣王慌慌张张地退回城中，穿着宝玉衣登上高台，放了一把大火，自焚而死。

姬发很快就大获全胜，解决了商王朝的残兵后回到军中。

听说姬发推翻了纣王的统治，微子便手持自己的祭器来到军营门前。他露出右臂，两手被绑在背后，左边让人牵着羊，右边让人拿着茅。一看见姬发，就跪在地上膝行至姬发面前，以表示归顺的诚意。

姬发被他的诚意所打动，不仅亲自释放了微子，还恢复了他原来的爵位。

有了微子归顺的好兆头之后，姬发第二天就派人去清扫战场、拆除旧社、修整宫室，为正式进入商王朝的都城做准备。

到了约定好入城的那日，一百名士兵扛着云罕旗走在队伍的最前面开道，姬发的弟弟姬振铎为他驾车，姬旦手里握着大钺、姬奭手里握着小钺，分别走在姬发的两边，散宜生、太颠、闳（hóng）夭等人都手拿佩剑护卫着姬发，场面浩大而隆重，威风极了。

进入城中后，姬发做的第一件事就是去社庙祭祀告天，禀明自己的行为并非犯上作乱，而是承受上天的命令，革除殷朝的弊政。

接着，他散发纣王积聚在鹿台的钱币和囤积在钜桥的粮食，用以赈济贫民；将纣王的儿子武庚封于殷商旧地，让他延续殷朝的祭祀，殷商贵族和遗民也全都交由武庚管理。

殷商遗民

之后，听说纣王的王叔箕子还被关在牢里，姬发就交代姬奭去将他放出来，一起被释放的还有纣王囚禁的百官贵族。

为了表示对商朝贵族的敬重和礼待，姬发还特意派人去比干的坟前祭奠，并为比干的坟墓添土修缮。

被放出来的箕子最初非常高兴,但一听说商朝已经亡国,马上又长叹了一口气,不想向周族人称臣的他,只得趁乱逃往深山中隐居。

然而,灭商建周后的姬发求贤若渴,对箕子十分仰慕。他派人找到了箕子隐居的地方,恳切请教国家兴亡的道理。

"您认为商朝为什么会灭亡呢?"姬发虚心求教。

箕子什么都没说。因为他不愿意讲商朝的坏话。

姬发一看箕子的反应,也意识到有点尴尬,于是转移了话题,继续向箕子询问治国之道,箕子便将夏禹传下的《洪范九畴》陈述给姬发听。

姬发听后,很受启发,就想请箕子出山,做周朝的臣子。

"就算商朝灭亡了,我也不愿意做新王朝的臣子。"箕子拒绝了姬发。

但他很清楚,姬发可能不会就此放弃。于是,没过多久,箕子就带领着一批同样不愿意臣服的殷商贵族一路向东,漂洋过海,逃往朝鲜定居。

姬发得知了他的去向,内心深处对他十分敬佩。于是便派人到朝鲜去封箕子为朝鲜国的国君,不把他当臣下看待,还热情地邀请箕子回乡探望。

箕子思念故土,答应了下来。

在去见周王姬发的途中,箕子路过了商王朝的故都,见到原本富丽堂皇的宫殿变得残破不堪,长满了野生的禾黍,伤心不已。他想要大哭一场,又担心因此失了身份,最后只好作了一首诗,名为《麦秀》,抒发心中的伤痛。

这首诗说:"麦秀渐渐兮,禾黍油油。彼狡童兮,不与我好兮。"大意是,现在的庄稼长得这么茂盛,绿油油的。如果当初纣王肯听从我的劝告,哪里会落到今天这样的地步呢?

商朝的遗民听了这首诗,全都唏嘘不已,泪流不止。

在商朝的诸位大臣中,除了和武庚一起去殷商旧地定居的,以及和箕子一起东渡的之外,还有一些选择了就地隐居,比如恶来的父亲蜚廉和弟弟季胜。

姬发伐纣时,蜚廉正被纣王派遣到北方,等他办完事回来,商朝已经亡了。蜚廉父子无处回禀复命,也不想被周族人统治,就到霍太山一带隐居下来。

伯夷和叔齐也是一样的选择。尽管他们十分清楚,纣王是因为过于残暴才被周族人推翻的,但还是不愿意归顺周族人。出于对商朝的忠义,他们甚至发誓不吃周朝的粟米粮食,终日在首阳山里靠采摘野菜充饥。

可是,吃野菜又能坚持多久呢?

没过多久,兄弟俩就双双饿死在首阳山。

《史记》原典精选

其后箕子朝①周,过故殷虚②,感宫室毁坏,生禾黍,箕子伤③之。欲哭则不可,欲泣为其近妇人,乃作《麦秀》之诗以歌咏之。殷民闻之,皆为流涕④。

——节选自《宋微子世家第八》

【注释】

① 朝:朝拜。　② 虚:通"墟",废墟。　③ 伤:感伤。
④ 涕:眼泪。

【译文】

后来,箕子朝拜周朝,路过旧日殷商的废墟,有感于宫室的毁坏,上面长了禾黍一类的庄稼,为此感到伤心。想要大哭一场却不可以,想要小声抽泣,又觉得像妇人一样,于是写了一首题为《麦秀》的诗,唱出来表达自己的心情。殷商遗民听完后,都为之流下了眼泪。

牵羊把茅为什么代表投降

微子投降的时候,为什么要牵着羊,拿着茅呢?这是因为,这两样东西都是和祭祀相关的重要物品。尤其是羊,既是用于祭祀的重要牲畜,也可以用来犒劳军队;而茅草则是用于垫放祭品的。古人非常重视祭祀祖先,带着羊和茅来投降,也就意味着带着祖先来投降,表示顺从,任人发落,是表达诚意的一种手段。

肆 ◎ 大大小小都封侯

—— 武王兴周，封侯安邦

封邦建国：我的宗亲遍布天涯海角

人　　物：姬旦
别　　称：周公、周公旦
生 卒 年：不详
出 生 地：岐周
历史地位：西周的开国元勋，杰出的政治家、军事家、思想家，他制礼作乐，以"礼"治国，奠定了"成康之治"的基础

人物小传

姬发虽然带领着周族人攻入朝歌，灭了商王朝，但此时商朝遗民的势力仍然很强大，还有许多诸侯国一时之间不愿意归顺。为了收服它们，姬发依然需要经常带兵打仗。

打仗是一件很辛苦的事，如何守住已经得到的土地，更是一件费脑筋的事，所以姬发经常通宵达旦地筹划。

积劳成疾

"二哥，你没有休息好吗？怎么看上去没精打采的。"弟弟姬旦留意到他的变化,关心地问。

"是啊,我最近总是睡不着。"姬发打着哈欠说,"天下还没有统一,需要做的事情太多了。醒着的时候,无时无刻不在处理政务;好不容易处理完手边的事务,已经是深夜了,我也知道该休息了,但心里还有许多事情放不下,恨不得马上去做。哪有时间和心情睡觉呢?"

"在我还没出生前,上天就不再享受殷的祭品,到现在已经有六十年了。麋鹿在牧野出没,到处都是害虫。也正因为上天抛弃了殷朝,我们现在才能成就王业。

"但我现在还没有真正受到上天的保佑,想要真正得到上天的庇佑,就要

让民众顺从周王室，将作恶的人全部找出来，惩罚他们。

"我要日夜勤勉地努力，安定我西方的国土；我还要办事明智，直到我们的德教能够在四方都得以彰显。"

因为要做的事情太多，姬发每天从早到晚地操劳，积劳成疾，生了一场大病。他这场病来得特别厉害，以至于大家都很恐慌。

如果他就这么病死了，刚刚建立的周朝怎么办呢？

弟弟姬旦尤其担忧他的病情，也担忧周朝的未来，于是，这一天，他忍不住前往宗庙向列祖列宗祈祷。

"如果上天非要带走一个人，让我代替哥哥吧！别让他就这么死了，他还要普济天下呢。"

尽管姬旦并没有故意让别人知道这件事，但世上没有不透风的墙，很快事情便传开了。大家都被他们的兄弟情所感动，姬发也深受鼓舞，病情没多久就开始好转。

马放南山

好转以后没多久，姬发就更加勇猛地带兵征战，终于暂时平定了天下。

为了安抚民众，他把战马放养在华山以南，把作战时用来拉车的牛都养在桃林一带，同时解散了大部分的军队，收起武器，以此向天下人表示，从今往后再也不用打仗了。

"现在，天下终于安宁了，你总该没那么发愁了吧？"姬旦高兴地问姬发。

"是啊，我们的领土已经比商朝时还要大了。可是，这样广阔的土地，应该怎么管理才好呢？"姬发又开始思考，"如果像商朝一样，不重视对领土的控制，任由自然形成的方国散漫地发展，说不定我们还会重蹈商朝的覆辙。"

"说得也是。"姬旦点点头，"我们发源于西边，想统治整个区域，的确需要向东发展一下。"

"不如就新建一座城吧。"姬发说，"我已经派人考察过了，伊、洛、瀍（chán）、涧四水交界处就不错。"

"那里位于领土中央，沃野千里，适合耕种。东边又倚仗天险，进可攻、退可守，的确是个好地方。"姬旦十分赞同。

既然已经商量好了，他们就着手修建洛邑。

"可我还是有点不放心。"洛邑还没建好，姬发又发现了新问题，"就算新建了洛邑，我作为天子，要统治如此庞大的国家，精力还是非常有限呀。要是那些方国再闹出什么事情，我们离得这么远，没法及时发兵，天下不是又乱了吗？"

姬旦提议道："早在五帝时期，首领就会将子孙和有功之臣分封出去辖制地方，夏朝和商朝也是如此。我们可以延续这个制度，打破方国的界限，重新划分土地，再派值得信任的人去镇守，这样不就可以放心多了吗？更何况，这些人帮助我们建立周朝，也算立了大功，理应论功行赏，土地可以算赏赐的一部分。"

姬发觉得姬旦说得很有道理。

分封诸侯

为了表示对历任统治者的尊重，追思先代圣王的功德，他先褒奖并分封了先代圣王的后代。把神农的后代封在焦，把黄帝的后代封在祝，把帝尧的后代封在蓟，把帝舜的后代封在陈，把大禹的后代封在杞。此举可以团结有势力的异姓贵族，从而巩固周朝的统治基础。

然后，姬发又分封了帮助伐纣的功臣谋士。他尤其重视师尚父姜尚，不仅把姜尚封为侯爵，于营丘建立齐国，还娶了姜尚的女儿邑姜做王后。几个劳苦功高的弟弟也都获得了封赏，姬旦被封在鲁，姬奭被封在燕，叔鲜被封在管，叔度被封在蔡。其他功臣也都依次受封。

封完这些人之后，终于轮到姬发的亲族兄弟了，这也是这次分封的重头戏。毕竟，在被分封的大大小小数百个诸侯中，这些人几乎占了三分之二。

首先，姬发想起爷爷季历还有两个哥哥流落在南方，于是派人前去寻找。不久后得知，两位伯祖父辗转定居在吴地，因为仁义和善，被那里的人们推举为首领。大伯祖

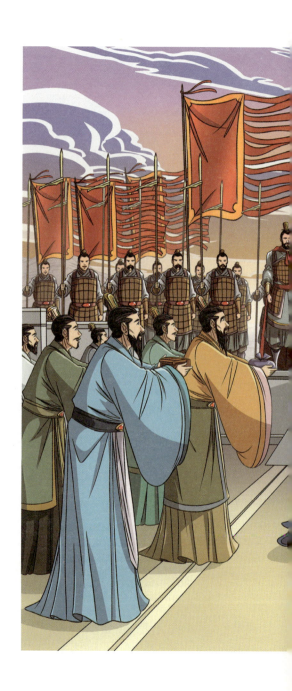

父太伯没有留下后代，现在是二伯祖父仲雍的曾孙周章在做首领。姬发正式将吴地封给周章，国号为吴。而周章的弟弟虞仲则被封在夏朝都城附近，建立虞国。

之后，姬发把两个叔叔虢（guó）仲、虢叔分封到虢地，建立虢国。从这以后，虢国一直是王室的重要依靠，历任国君不仅是周天子的重要助手，还经常带兵为周天子征战。

接下来，就该分封姬发自己的其他兄弟了。姬发的同母兄弟就有十个，异母兄弟更多，除了早逝的伯邑考和已经获封的弟弟们外，其他兄弟也得到了妥善的安排，分封在十分重要的战略要地。

"姬振铎，你去曹地。

"姬武，你去成地。

"姬处，你去霍地。

"姬封和姬载年龄还太小，没法去太远的地方镇守，就暂时留在我的身边吧……"

就这样，姬发把功臣谋士、同姓宗亲分封到各个地方，建立诸侯国。一个个的诸侯国成为对一方土地进行统治的据点，它们对周王室也起到拱卫的作用。

《史记》原典精选

于是封^①功臣谋士,而师尚父为首封。封尚父于营丘,曰齐。封弟周公旦于曲阜,曰鲁。封召公奭于燕。封弟叔鲜于管,弟叔度于蔡。余^②各以次^③受封。

——节选自《周本纪第四》

【注释】

❶封:分封。 ❷余:其余。 ❸次:次序。

【译文】

然后分封功臣谋士。其中,师尚父是第一个被分封的。武王把师尚父封在营丘,国号为齐。把周公旦封在曲阜,国号为鲁。把召公奭封在燕地。把弟弟鲜封在管地,弟弟度封在蔡地。其余的功臣谋士也按照功绩依次接受分封。

姬、姜原来是一家

历史上,姜姓和姬姓时常通婚。我们前面提到过,周族祖先弃的母亲是姜嫄,她就是姜姓女子。姜尚大力协助姬发建立周朝之后,姬、姜两姓一直保持着相当亲密的关系。姬姓的王室和诸侯,很多都与姜姓女子通婚。也正因此,周朝出现了很多像邑姜一样以"姜"为名的女子,她们都是姜姓的后代,而"姜"前面的这个字,往往代表了家族出身或封地。

21 武庚作死：在危险的边缘疯狂试探

人　　物：武庚
别　　称：禄父
生 卒 年：不详
出 生 地：朝歌
历史地位：纣王之子，三监之乱的重要参与者

分封完之后，诸侯们都兴高采烈地去各自的封地上任了。

眼看着大家都陆续上路了，姜尚却依然愁眉不展，迟迟没有出发。

这是为什么呢？

原来，他一直担忧纣王的儿子武庚会不安分。要知道，当初在如何处理武庚的问题上，他和姬旦就有很大的分歧。

"我觉得应该赶尽杀绝。"姜尚提议道，"否则，以后一定会出大乱子。"

"没必要做那么绝吧。"姬旦反对说，"周朝刚刚建立，如果这么严厉地对待前朝的后人，不利于笼络人心。不如就参考商汤时对夏桀后人的处理办法，将他们分封在一个地方，让他们可以继续生活。如果他们真的不老实了，再收拾也不迟。"

设置"三监"

姬发也不愿意被人说成是一个残酷的君主。所以,一开始他采用了姬旦说的办法,将武庚分封在殷商旧都朝歌,继续生活。

可渐渐地,他发现武庚的小动作太多了。作为纣王的儿子,武庚并不甘心做周的臣子,内心深处时刻惦记着推翻周朝,复兴商朝。

"现在改变决定也晚了。"姬发有些后悔地想,"更何况暂时也没有他叛乱的证据。为防万一,还是先派一些信得过的人监视着他吧。"

谁是信得过的人呢?

在众多诸侯中,姬发再次选择了自己的同母兄弟。他让三弟姬鲜从管地搬到卫地,建立卫国,负责从东边监视武庚;让五弟姬度从蔡地搬到鄘地,建

立鄘国，负责从南边监视武庚；让八弟姬处从霍地搬到邶地，建立邶国，负责从北边监视武庚。

因为姬鲜最初被封在管地，所以被人们尊称为"管叔"；姬度最初被封在蔡地，被人们尊称为"蔡叔"；姬处最初被封在霍地，被人们尊称为"霍叔"。管叔姬鲜、蔡叔姬度和霍叔姬处也被合称为"三监"。

这下子，武庚算是被从四面严密监视起来了，哪怕有一丁点儿的小动作，也逃不过姬发的眼睛。

姜尚也觉得姬发的做法非常稳妥，终于可以放心地前往齐国上任了。

路过武庚封地的时候，他还刻意打听了一下武庚的近况。

"纣王的儿子呀？"人们这样告诉姜尚，"'三监'来了之后，他最近倒是不怎么忙了，只是整天把自己关在宫里，好像在谋划什么大事。"

"前段时间，他还带着一群商朝的遗臣，大大祭祀了一番纣王的在天之灵！很多人听说了之后，都跑去看热闹。对于父亲的死，他表现得特别伤心，同情他的人不在少数。"

"是啊。我还听说，他私下里还到处打听有哪些小方国依旧支持商朝，不知道暗地里在打什么鬼主意。"有人补充道。

"这可不是件好事！我一定要尽快回禀姬发。"姜尚听了，忧心不已，马上派人回去送信。同时，他还考虑到，自己即将前往的齐国就在东边，那里远离统治中心，有很多方国都感念殷商先祖的恩德，对商朝忠心耿耿。

"如果让武庚和这些方国勾结到一起，可就要闹出大事情了。"姜尚想到这里，连忙加快速度，日夜兼程地往封地赶路。

武王去世

然而，事情变化得太突然了。还没等姜尚派去送信的人到镐京，姬发就因病去世了。

心腹大臣们都被召集回都城商讨这件大事。大家觉得姬发生前非常勇武，为他定了谥号"武"。所以，人们尊称姬发为"周武王"。

办完姬发的丧事之后，太子姬诵继承了王位，这就是周成王。

此时，一个大问题摆在了众人的面前。作为姬发长子的姬诵此时还年少，远远没有达到能独自处理国政的地步。眼看着周朝天下初定，武庚还在东边虎视眈眈，姬发的诸多兄弟正值壮年，其中也可能有人别有居心，年少的天子该如何稳定朝局呢？

武王之弟姬旦尤其担心，为了避免那些不安分的势力听说武王驾崩而发动叛乱，姬旦当机立断决定先不去封地了，留在国都辅佐侄子姬诵，摄行国政。

但是封给他的鲁国也不能就这么丢下不管啊，于是他从自己的八个儿子里选中了大儿子伯禽，让他代替自己去封地主事。

伯禽临行前，他殷切交代道："镐京这边我实在放心不下，你先替我去鲁国上任吧。你到那里之后，一定要善待当地那些有才能的人，这样他们才会尽力辅佐你治理民众。你还需要凡事小心谨慎，不要骄傲自大，也不要因为有了封国就对民众颐指气使。"

伯禽满口答应了下来："您就放心吧！您作为文王的儿子、武王的弟弟、当今天子的叔父，放眼整个天下，您的地位已经算是很高的了，但您仍然对人才非常重视。遇到有本事的人来拜访，就算是正在洗头，也要马上停下来，握

着湿头发就前去接见人家；就算是正在吃饭，也要吐出嘴里的食物，转而去和他们交谈，一刻都等不了。即便是这样，还总担心错过了天下的贤才。我从小跟在您的身边，早就懂得了这些道理！"

"那就好，那就好。"姬旦欣慰地说着，不舍地把伯禽送走，让他去做鲁国的国君。

淮夷叛乱

姬旦的担忧果然没有错。在周武王去世的这段时间里，武庚已经联系上了东边的几个方国，准备搞一场大动乱。伯禽刚到鲁国上任没多久，武庚就指使淮夷和徐戎这两个方国，气势汹汹地带着人马打上了门。

淮夷和徐戎都隶属于东夷族，其中的徐戎更是治水功臣伯益的后代。也正因此，历经夏商两代，他们的地位都不低，实力也不弱。

尽管面临着极大的威胁，伯禽却并不慌乱，连忙组织人马应对，之后，在姜尚齐国军队的支援下，平定了淮夷和徐戎的叛乱。

姜尚这边和伯禽的情况差不多，他刚到齐国的时候也遇到了不小的问题。相邻的莱国听说齐国被周天子封给了姜尚，心里不服，自然要来捣乱。他们想趁着姜尚还没来的时候先抢占营丘，幸亏姜尚及时就国，这才顺利化解了一番纷争。

之后，姜尚修明政治，顺应风俗，简化礼仪，开放商工各业，还根据当地靠海的特点，大力发展渔业、盐业，鼓励民众安心生产。

齐国和鲁国的骚乱总算暂时平息了下来。然而没过多久，姬旦那边又出了大问题！

《史记》原典精选

封纣子武庚禄父，以续①殷祀，令修行盘庚之政。殷民大说②。

——节选自《殷本纪第三》

【注释】

① 续：延续。　② 说：通"悦"，喜悦。

【译文】

周武王分封了纣王的儿子武庚禄父，让他来延续殷商的祭祀，又命令他遵行盘庚时的政令。殷商遗民因此都觉得非常高兴。

周公吐哺，"哺"到底是什么呢？

周公姬旦非常重视人才，由此留下了"周公一饭三吐哺"的美名。后来的曹操在《短歌行》里也发出了"周公吐哺，天下归心"的感慨。那么，"哺"到底是什么？

这个字的本义是"口中含嚼的食物"，后来也引申出喂不会取食的幼儿食物之意。成语"嗷嗷待哺"和"乌鸦反哺"都有这个意思。

22 周公辅政：给众人戴上约束言行的紧箍儿

人　　物：姬奭
别　　称：召（shào）公、召康公、召公奭
生 卒 年：不详
出 生 地：岐周
历史地位：辅佐武王灭商，因功受封于蓟

人物小传

刚刚即位的姬诵还年幼，一切政务都需要叔叔姬旦代为处理。

姬旦是武王诸多兄弟中最有才能的一个，武王在位期间，姬旦就担任太宰之职辅佐武王，处理许多国家大事。

但说起来，在姬发的众多亲兄弟中，姬旦只是排行第四，他的前面还有一个三哥姬鲜。

依照长幼顺序，按理说，姬发去世，应该由排行第三的姬鲜，也就是管叔来执掌大权，辅佐姬诵，怎么也轮不到姬旦。

因此，很多兄弟心里都不服气。管叔还联合其他的几个弟兄一起在国内散布谣言，说："周公将要对成王不利。"

制礼作乐

姬旦也很清楚这一点,他为了提高自己的地位,增强自己执政的合法性,就以侄子姬诵,也就是周天子的名义,把周人的发祥地封给了自己作为封地,地位比其他兄弟高了一些。也是从这时开始,人们称呼他为"周公"。

平民们倒没觉得有什么,可姬旦的几个兄弟听说后心里更不舒服了。大家都是周王室的后代,都是武王的兄弟,凭什么只有你能被尊称为"周公"?

为了压制大家的不满,也为了帮侄子姬诵建立一个明确的社会秩序,巩固统治,周公着手规范礼乐制度,这等于是要给兄弟们加一道约束言行的"紧箍儿"。

实际上,早在五帝时代,人们之间就形成了一定的等级礼仪,不同身份的

人在不同的场合下，待遇、行为举止等，都要遵循不同的规范。不过，这在当时更倾向于是一种习惯，并不是硬性规定。

周公却想把这些习惯变得更加严格、细致，从天子到平民，大家都按照这些典章制度一丝不苟地去遵循。

周公制定的这套礼乐制度，应用范围非常广，涉及日常生活的方方面面。"礼"可以分为吉礼、凶礼、军礼、宾礼、嘉礼五种，"乐"则是配合贵族进行礼仪活动而制作的舞乐。

礼乐制度最重要的一点就是等级秩序，简单来说，就是每个人的身份有长幼尊卑、高低贵贱的区分，只能做符合自己身份的事情，否则就会遭到严厉的惩罚。

当时的人们在祭祀的时候，主要用鼎和簋这两种礼器。鼎用来装肉，簋用来装粮食。周公在礼乐制度中规定：只有天子才能用九鼎八簋，诸侯只能用七鼎六簋，大夫用五鼎四簋，士用三鼎二簋。也就是说，身份越低，能用的东西就越少，规格也越低。

舞乐也是一样。华丽的乐器、高雅的音乐只有贵族才能听。身份越尊贵，能欣赏的舞乐就越高雅，越好。

为了保障社会的安定，对于诸侯军队的数量，周公也做了严格的规定：一万两千五百人为一军。周天子可以有六军，大诸侯国只能有三军，稍微次一级的国可以有二军，小国最多只能有一军。

这套制度规模庞大、牵涉面广，并不是一朝一夕就能成形的，但因为触动了不少人的利益，所以一提出就受到了不少人的质疑。

"他这分明是在限制我们的势力！"

"凭什么就他高人一等,我们都得听他的?"

"就是!说得好听,要辅佐侄子,实际上呢?他现在和天子又有什么区别?"

"说不定他就是要篡位,自己当天子呢!"

兄弟们对周公的作为更加不满和猜忌,就连召公姬奭也开始怀疑姬旦的居心。

安抚召公

读到这里,小读者们可能会有一个疑问:姬奭不是被封到燕国了吗?他怎么不是燕公,而是召公呢?

原来呀,受封之后他被武王姬发留了下来,在都城任职,继续辅佐周王室。他的封地燕地就由长子姬克前去管理。姬发还在都城附近又划了块地方,封给了姬奭。因为那里被称为召地,所以,姬奭就被人尊称为"召公"。

姬诵即位时年纪还小,姬奭作为三公之一的太保继续留在都城辅佐成王,地位和周公相当。毕竟早在讨伐纣王的时候,他们两个就一左一右站在姬发的身边。

所以,周公在摄行国政后没多久,就决定和召公姬奭分陕而治。

这里的陕,指的是陕塬,曾经的陕县,现在的河南省三门峡市陕州区。

分陕而治,就是以陕塬为界,将周朝的领土分为东、西两大部分。陕塬以东,由周公治理;陕塬以西,由召公治理。为了标记界线,他们还叫人凿了一根约3.5米的石柱,高高地立到那里。

周公之所以这么做,也是因为周朝初立,政局不稳,以武庚为首的殷商遗民随时可能反叛,所以周公必须随时盯着他们;而召公则负责守好旧土,发展

生产，搞好后勤。

召公治理陕塬以西时兢兢业业，深受民众的爱戴。他曾在一棵甘棠树下审判官司、处理政事，人们爱屋及乌，对这棵甘棠树爱护有加，后来召公过世后，还经常有人去树下怀念他。

但大部分时间，召公还是留在都城和周公一起主持大局。所以，周公实行的政策他都看在眼里，和诸位兄弟一样，他也对周公表示过不满。

召公的位置实在是太重要了，他对于自己的不满，周公颇为重视，还写了一篇情深意切的文章——《君奭》，向召公解释了自己的苦心。

"你要是这么想，可真是误会我了。我之所以这么做，完全是为了周朝啊！

"辅政大臣对王朝的兴衰极为重要，只有贤臣们都各在其位，国家才能得到安定与治理。"

召公这才被安抚下来，不再怀疑周公了。

三监之乱

然而，周公的兄弟实在太多了，面对大家的猜忌，终归没有时间和精力一个一个地去解释。

更何况，有的人就算对他解释也没有用，根本就听不进去。管叔、蔡叔和霍叔就是这样的人。

他们坚信周公这么做肯定有一些不可告人的目的。但他们也清楚，仅凭他们几个，是完全没法与现在手握大权的周公抗衡的。有人就把歪脑筋动到了武庚头上。

"我们离武庚这么近，不如找他帮忙。"

"是啊,他是纣王的儿子,很多方国依然听他的话。只要他振臂一呼,势力比我们大得多!"

"可是,作为周族人的后代,你们真的想帮他吗?"

"怎么可能?不过是利用他罢了。等推翻了周公,再收拾他也不迟!"

这样商量好了之后,他们就去引诱武庚,说可以帮助他复兴商朝。武庚也未必没看出他们的居心,但武庚也想利用这三个人的力量推翻周朝。

就这样,"三监"和武庚一拍即合,勾结到一起,发动了叛乱。殷商旧地以及东夷的徐、奄、薄姑等方国也纷纷表示响应,众人气势汹汹地朝着周朝的都城杀了过来。

这要怎么办才好呢?周公得到消息之后,连夜找来召公商量对策。

商量的结果就是:召公留在都城镇守,周公带兵出征。

管蔡之辈,又岂是周公旦与召公奭的对手?他们用了大概三年的时间,彻底打败武庚等人,平息了这场暴乱。

在武庚叛乱的同时,东夷族各国也很不安分。所以,周公在平定了武庚之乱后,继续前往东方平叛。

在姜尚和伯禽等人的协助下,周公又用了两年的时间,打服了参加叛乱的五十多个小国,终于让东方的骚乱平息下来,天下的诸侯都表示臣服于周朝。

《史记》原典精选

成王少①，周初定天下，周公恐诸侯畔②周，公乃摄行政当国。管叔、蔡叔群弟疑周公，与武庚作乱，畔周。

——节选自《周本纪第四》

【注释】

❶少：年少。 ❷畔：同"叛"，背叛。

【译文】

成王年少，周朝刚刚平定天下，周公担心诸侯背叛周朝，于是他代行天子职权主持国政。管叔、蔡叔等众兄弟怀疑周公，勾结武庚一起作乱，背叛了周朝。

簋

簋是中国古代用于盛放煮熟饭食的一种食器，也是重要礼器，流行于商周时期，多为圆口、深腹、双耳。1976年在陕西省临潼县零口镇出土的青铜利簋，是西周初期铜簋的典型代表。利簋又叫"武王征商簋"，因为利簋的铭文中记载了武王在甲子日清晨征讨商王这一重大历史事件。

西周时，簋还出现了四耳簋、三足簋、四足簋等多种新形式，甚至还发展出了带盖子的簋，一直到战国时期，簋的使用才趋于衰落。

23 康叔封卫：来得早不如来得巧

人　　物：姬度
别　　称：蔡叔、蔡叔度
生 卒 年：不详
出 生 地：不详
历史地位：蔡国的初始封君，因发动"三监之乱"而被流放

平定了武庚叛乱之后，周公就着手惩治叛乱的人和处理空出来的封地了。他也担心，如果不好好处理这件事情，以后会有人效仿，这将会极大地威胁周朝的统治。

首先，作为叛乱的头目，武庚必须被处死。

处死武庚之后，按照当时"灭国不绝祀"的原则，也不能让商王族就这么绝了祭祀。那么，谁能替代武庚做商族人的新代表呢？

周公突然想起了当初周朝大军伐纣时，恭恭敬敬捧着祭器前来归顺的微子启。他是纣王庶长兄，身份足够；这次叛乱他也没有参加，相比而言，可比武庚顺从多了。

于是，周公就让微子启代替武庚奉守殷商的宗庙祭祀，封于宋地，微子就是宋国的第一代国君。

那些跟着武庚一起造反的殷商遗民呢？周公将他们一分为二，一部分跟着微子启去宋地，一部分强制迁到别的地方居住，让他们再也不能团结在一起，反对周朝了。

诛管叔、流蔡叔

处理完外人，接着就该处理家事了。

作为掌管军政大权的人，周公对管叔、蔡叔和霍叔的这种乱国行为非常生气。

"武庚想要复国还算情有可原。你们身为周族人，竟然也和武庚勾结到一起，想要推翻周朝，简直不可饶恕！"周公愤怒地斥责了他们。

后来得知，管叔是三兄弟中那个带头的，就毫不留情地将他和武庚一起处死了。

管叔被处死了，他的封地也需要重新找个人去镇守。

"这个人倒是不难找，姬封就不错。"周公想。

姬封是他的九弟，最初武王分封的时候，因为年龄小，没有得到封地。长大后，姬封被封到了都城附近的康地，自此也就被人们尊称为"康叔"。

"康地范围不大，食邑不丰。加上这次平叛时他积极参与，立了大功，理应得到封赏。"周公这么想着，就让姬封去了卫地，管理卫国。

但康叔毕竟还很年轻，周公担心诸侯、大臣和封地的人民轻看他，不服从他的管教。为了给康叔撑腰，周公特地召集群臣，为他举行了盛大的授土授民

仪式，让大家都看在眼里。

临行前，周公还反复叮嘱他："你到了卫地，一定要爱护百姓，勤于政务，虚心听从大家的意见，不要荒淫无道，一味享乐呀！"

"知道了，您就放心吧！"康叔把周公的话牢牢地记在心里，到了地方后果然勤政爱民，把卫国治理得很好。因为康叔的统治有方，卫国很快便经济繁荣、社会稳定、百姓安居。

而年龄更小的十弟姬载，周公也没有忘记。

"这次平叛姬载也参与了，应该给予奖励。他也长大了，该有自己的封地了。"周公这样想着，就把聃国封给姬载，爵位为侯爵。

不过，因为姬载擅长水利工程、土木营建，才华过于出众，所以他大部分时间都被留在都城担任司空，并不经常在封国。

对于康叔和姬载，周公是仁慈的好哥哥；对于犯上作乱的蔡叔和霍叔，他就远没这么和善了。霍叔因为参与不多，处罚要轻一点，只是被贬为平民。蔡叔姬度则被处以流放，周公只给了蔡叔十乘车，外加七十个囚犯作为随从。

尽管如此，周公并非完全不近人情，不给人改过的机会。霍叔的后人仍可以是霍侯，蔡叔虽然死在了流放途中，但周公后来听说蔡叔的儿子姬胡尊德向善，不与父亲同流合污，就推荐他去了自己儿子伯禽的封地，也就是鲁国，做了大臣。

姬胡到了鲁国以后，尽心辅佐伯禽，将鲁国治理得很好，还因为德行的影响力带起了一阵好风气。

周公见姬胡这么有才能，于是奏请周成王，又把他封于蔡地，让他复兴了蔡国。

营建东都洛邑

叛乱都解决后,营建洛邑的计划又开始提上日程。

之前因为东征等事情,营建洛邑的计划被耽搁了,但成王、周公和召公始终都没有忘记武王姬发的遗志——营建洛邑。毕竟武王生前总惦记着想把洛邑建好,方便管理东边。

成王先是下令让召公亲自前去定址规划;后又命周公前去占卜、勘察地形,最后筑城。

洛邑建成之后,成王姬诵亲临,举行祭典。随即,以"洛邑是天下的中心,无论从哪个方向前来进贡,路程都是大致相等的"为由,将洛邑定为东都。

于是，周朝就有了两座都城，人们称丰镐为"宗周"，称新建成的洛邑为"成周"。

为了表示对洛邑的重视，成王姬诵还把从商朝缴获的九鼎带到那里，郑重地安放好，寓意定鼎中原。

自此，武王姬发的梦想终于成了现实——周天子直接统治的王畿（jī）区域，从镐京一直延伸到洛邑，足足有方圆千里。

为了庆祝洛邑的建成，成王姬诵还效仿大禹，举行了一次盛大的集会。这也是他作为周天子以来，第一次亲自主持这么隆重的活动。

四方的诸侯都很支持他，纷纷带着特产前来进贡，场面非常热闹。成王姬诵穿着鲜艳华贵的服装，腰间插着彰显身份的大圭，热情地接待诸侯们。

周公、召公等老臣，就像当年辅佐武王姬发一样，恭敬地站在成王姬诵的左右。姬诵很感激这群忠心辅佐自己的老臣，重重奖赏了他们。

《史记》原典精选

成王在丰,使召公复营①洛邑,如武王之意。周公复卜②申视,卒③营筑,居九鼎焉。曰:"此天下之中,四方入贡道里均。"

——节选自《周本纪第四》

【注释】

❶营:营建。 ❷卜:占卜。 ❸卒:终于。

【译文】

成王自己在丰邑,派召公亲自前去选址,着手营建洛邑,以完成武王的遗愿。周公又占卜勘察地形,之后动工营建洛邑城。建成之后将九鼎安放在城内,他说:"这里是天下的中央,四方进贡到这里的路程远近都是相等的。"

"中国"一词的由来

"中国"一词最早可以追溯到西周时期,意思是"天下的中央""中央之国"。在国宝级青铜器西周何尊的底部铸有铭文十二行,记载了周成王继承周武王"要住在天下中央"的遗志,营建成周洛邑的史实。其中"宅兹中国"为目前所知"中国"一词最早的文字出处。

24 成王亲政：叔叔永远是叔叔

人　　物：姬诵
别　　称：周成王
生卒年：？—公元前1021年
出生地：岐周
历史地位：周朝第二位君主，周武王姬发的儿子，成康之治的开创者

人物小传

转眼就到了周公代行国政的第七年，姬诵终于长大成人，可以独自处理国事了。

周公将政权交还给姬诵，自己又回到群臣的行列中。

成王处理政事很有一套。

在洛邑建成后，成王就在周公的建议下，把一些顽固的商朝贵族带到了这里安顿在东郊，让召公在洛邑设置了八个师的兵力，对他们时刻监督，以防不测。

对于王畿以外的区域，他沿用父亲姬发的做法，再次分封功臣谋士和宗亲兄弟，让他们到周边去做诸侯，形成一道坚固的屏障，把那些信不过的方国挡在外面，拱卫王室安全。

周公旦之子伯禽，伐淮夷、徐戎有功，封于鲁。

姜太公之子丁公，助平乱有功，封于齐。姬诵还授予了齐国征伐其他诸侯的特权。从那以后，齐国逐步吞并了一些商朝遗留下来的方国，既消除了它们对周王室的威胁，也扩大了齐国的土地，使齐国变成盘踞在东方的大国。

桐叶封弟

成王的同母弟弟唐叔虞，封于唐。关于唐叔虞受封，中间还有一个小故事：

周成王时期，唐地发生了内乱，反叛周朝。成王就派周公带兵去平叛。没多久，唐国被灭，动乱也就平息了。

捷报传到都城的时候，姬诵正和弟弟姬虞在花园里玩耍。他听到胜利的消息后特别高兴，顺手捡起一片桐树叶，拔出佩刀将树叶削成玉圭的形状，郑重地递给姬虞，笑着说："天子都用玉圭分封诸侯，现在我把这个送给你，你就是唐这块地方的诸侯了。"

周围的大臣听到了，赶忙恭敬地问："既然如此，我们应该选个好日子，正式册封他吧？"

姬诵有点意外："我不过是和他开玩笑罢了，何必当真呢？他还这么小，怎么能独自去封地镇守？"

大臣听完，立刻严肃地说："您是天子，天子没有戏言。您既然说了，史官就要如实记录，并举行典礼去完成它，吹奏乐曲来歌颂它。"

"那好吧。那就把唐地封给他吧。"听大臣这么说，姬诵只好同意了。

唐地位于黄河、汾水的东边，方圆百里。姬虞又被称为"唐叔虞"。

不过，姬虞此时还小，确实没法独自去封地，获封后仍旧留在王都，直到成年以后才离开都城，去唐地上任。

到封地没多久，姬虞就在唐地发现了一株奇特的禾苗，它长着两个不同的茎，却结出了同一个穗子。人们都说这是天降祥瑞。

"这不正像我们兄弟俩吗？"姬虞高兴地派人将这株禾苗送去都城献给哥哥姬诵。

"这不正像叔叔和我们的父亲吗？"姬诵又高兴地派人把禾苗送到周公驻兵的地方赠送给周公。

周公马上明白了侄子的意思，欣慰地写了一篇《嘉禾》，表示感谢。

叔侄离心

不过，姬诵和叔叔的感情也并不是一直这么好。

毕竟，周公代成王执掌大权那么久，这期间又是制定礼乐制度，又是平定"三监之乱"，声势之浩大，一度让很多人都觉得他是想取代姬诵自己做天了。

姬诵年纪小的时候不懂事，对这些还不那么在意，亲自执政后，身边围着各式各样的大臣，说什么的都有。日子一久，在别人的挑拨下，姬诵不免也心生怀疑。

被自己的侄子怀疑，周公心里挺不是滋味的，但他自己又没有争权的野心，与其在都城里整天担心自己被那些人进谗言所陷害，不如远离都城。

于是，周公找了个机会，一路向南到楚国去了。

为什么是楚国呢？因为楚国偏远且穷呀。

楚人的先祖相传是颛顼的后代。从帝喾时期开始，他们这一支就一直担任火正一职，负责祭祀火神。因为很有功绩，还被人们尊称为祝融氏。

夏朝建立后，他们作为独立的方国，俯首称臣。到了商朝也是这样，但后代渐渐就没落了，连史书也未能记下他们的世系。

商朝末年，姬发带领周族人讨伐纣王时，楚人因为长期被纣王压榨，站到了周族人这一边。也正因此，周朝建立后，周天子就封他们的首领为诸侯。

但周朝是个非常注重血缘关系的朝代。楚人的首领虽然做了贵族，但待遇一直不高。姬诵当政时，楚人的首领熊绎被赐姓芈，居于丹阳，但爵位只是个子爵，国土面积也只有方圆五十里。

好在，即便如此，熊绎也非常感激。被分封之后，他一路风尘仆仆地赶去封地，并开始按照惯例建造用来祭祀的庙宇。

等庙宇造好了之后，钱也差不多用光了，祭品的事还没有着落呢。没有祭品，怎么祭祀呢？

实在没有办法，熊绎就想出了一个馊主意。他带人趁着夜色去周边的小国偷了一头还没长角的小公牛。担心牛的主人追过来，熊绎一路提心吊胆地赶着牛往回跑，回去就把小牛宰杀了举办祭祀仪式，仪式办完了天还没亮。

后来，楚人如果有祭祀活动都选择在夜里举行，这个习俗被保留了下来。

熊绎的封地楚国位于长江一带，当时还十分荒凉，人烟稀少。但作为诸侯，熊绎也必须要尽到进贡、朝见的义务。

每到那时，熊绎都会穿着他破破烂烂的衣服，坐着简陋无饰的柴车，带上一群挑着桃木弓、枣木箭、包茅等特产的族人，渡过汉水、丹江，翻越秦岭，千里迢迢地前去拜见周天子。

包茅是一种盛产于楚地的特殊茅草，用它过滤酒浆，既可以让酒变得清澈，

闻起来也有独特的清香。楚国立国之初，包茅就是楚人上缴给周天子的贡品之一。

只可惜，每次诸侯大会时，周天子和诸侯都用熊绎带来的包茅滤酒，可楚国的君主熊绎却连参加诸侯大会的资格都没有。

可能也正因为楚国是蛮荒之地，又与周王室不亲近，周公才决定逃到那里。而姬诵见周公识趣地远离都城权力中心，也就不再追究什么了。

但这件事并没有就此结束。

金縢（téng）之匮

有一天，姬诵打开府库找东西时，无意间发现了一篇册文，上面写的是祈祷词。大概意思是：我的侄子姬诵生病了，希望上天不要责罚他。孩子还小，不懂事，无论他犯了什么错，都让我替他承担吧！

姬诵皱着眉回忆了一下，自己小时候好像是有一次病得很厉害，但他也不记得这具体是怎么一回事了，就找来一些老臣询问。

"这是周公亲笔所写的。"

"当时他见您病得厉害，怕您出事，才向上天这么祈祷的。"

"他这么做之后没多久，您就好起来了。"

"既然如此，为什么我一直不知道这件事呢？"姬诵有些后悔地问。

"是周公一直不让我们说。"

"没错，他觉得这没什么，不值得说出来。"

"原来如此。他这样对我，我竟然还怀疑他，真是太不应该了！"姬诵唏嘘不已，马上派人出去寻找周公，费尽千辛万苦才从楚国把周公找了回来。

自此以后，叔侄俩又重归于好了。

周公回朝以后，对姬诵的态度依旧如故。

他担心姬诵年轻气盛，贪图享乐，怕他在治国上有放纵之处，就多次写文章告诫姬诵要做个受百姓拥戴的好君主。

他知道姬诵心中曾经有芥蒂，干脆把自己的全部精力放在制礼作乐这件事上，致力于让天下都井然有序，人人都知礼守礼。

后来，周公在丰京生了病，临去世前曾交代家人道："我死后，一定要将我葬在成周，表明我永不离开成王。"

他还多次交代家人，在自己去世后也要一直追随姬诵，做他的臣子。

没过多久，时值初秋，周公与世长辞。突然之间就狂风大作，雷电交加，庄稼全部倒伏，大树被连根拔起。

姬诵和大臣们穿上礼服前去宗庙祭神，也正是在这个时候，姬诵才从一个金丝封缄的柜子里看到了数篇祭神策文。

原来，自己的王叔周公不仅曾愿意代替自己受上天责罚，还曾向上天祈求以自身代替武王赴死。

姬诵捧着策文泪流不止，说道："恐怕再也没有比这更虔诚的占卜了，他辅佐我们父子尽心尽力，为我周朝的兴盛奉献了一生！曾经因为我年幼不了解这些，如今老天施展神威以表彰周公的美德，我应该去告诉神明我知道了。"

姬诵当下出城，在城郊举行了祭天大礼，并决定为周公举办一场盛大的葬礼，允许周公的后代可以举行郊祭祭祀文王，还特别提高了鲁国国君的地位，准许他可以用和周天子一样的礼乐，以此来褒奖周公的德行。

《史记》原典精选

成王与叔虞戏，削桐叶为珪①以与②叔虞，曰："以此封若③。"史佚因请择日立叔虞。成王曰："吾与之戏耳。"史佚曰："天子无戏言。言则史书之，礼成之，乐歌之。"于是遂封叔虞于唐。

——节选自《晋世家第九》

【注释】

❶珪：通"圭"，玉制礼器名。　❷与：送给。　❸若：你。

【译文】

周成王和叔虞一起玩耍时，把一片梧桐树叶削成玉圭的形状送给叔虞，说："我用这个把唐地分封给你。"史佚因此请求成王选择一个吉日封叔虞为诸侯。周成王说："我和他开玩笑呢！"史佚说："天子没有玩笑话。只要说了，史官会如实记载下来，按照礼节来完成它，并编成乐曲来歌咏传唱。"于是周成王就把唐封给了叔虞。

圭——权力的象征

在古代，圭是一种重要的玉制礼器。这种上端尖锐、下端平直的片状玉器，是古代帝王、诸侯在举行典礼时拿在手里的一种礼器，是身份地位的象征，还可以是天子派使臣行使权力的信物。

周代，不同等级的诸侯所使用的玉圭，在形制、纹样等方面都有所不同。《周礼·大宗伯》中记载："以玉作六瑞，以等邦国。王执镇圭，公执桓圭，侯执信圭，伯执躬圭，子执谷璧，男执蒲璧。"

伍◎ 不够强大,谁要听你话

—— 王道衰微,诸侯不朝

25

康王和昭王：东南西北到处打

人　　物：姬瑕
别　　称：周昭王
生 卒 年：？—公元前977年
出 生 地：镐京（今陕西省西安市西郊）
历史地位：周朝的第四任君主，在位期间先后东征、南征，消除边患，拓展疆域

周公去世后，成王姬诵能倚重的就只有召公和毕公这两位王叔了。

同时，他也牢记周公的教导，勤政爱民，想把周朝治理好。

只可惜，姬诵的身体不怎么好，人到中年就病得很厉害。他将儿子姬钊立为王位继承人，反复嘱托召公和毕公，如果自己死了，一定要像辅佐自己一样辅佐姬钊。

不久后，姬诵就病死了。召公和毕公遵循他的嘱托，拥护姬钊登临天子之位（姬钊即周康王），领着姬钊去宗庙拜谒先王，并不断用文王、武王创业的不易告诫姬钊："周朝能走到今天，实属不易。你一定要做个好君主，厉行节俭，爱护民众，延续祖先的光辉伟业！"

姬钊很听这两位叔祖父的话，继续推行周成王时期的政策，兢兢业业治国安邦，使周朝国力得到进一步发展。因为在成王和康王统治期间，天下安定太平，有四十多年没有动用刑罚，所以历史上把这段时期称作"成康之治"。

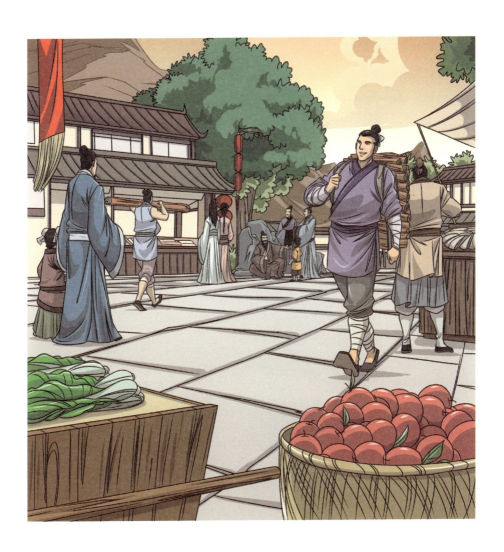

消除边患

而姬钊之所以能促成"成康之治",是因为军事实力强悍,对东夷、鬼方等地的讨伐取得决定性的胜利,为内部发展创造了相对安定的环境。

其中的鬼方,早在商朝时期就很不老实,武丁时期派重兵讨伐,他们消停了一阵子后又开始兴风作浪了。武王姬发灭商时,也曾带兵降服鬼方,让他们成为周朝的附属国。

但后来爆发了"三监之乱",周朝忙着平定东方,对西北的控制有所放松,鬼方就趁机发展壮大起来,不断侵扰周朝西北边境,甚至一度威胁到原来的都城镐京。

"这可不行,必须把他们全部赶走!"

周康王二十五年,为了消除边患,姬钊派遣大军攻打鬼方,经过两次大规模战役,杀敌无数,不仅俘获了他们的首领和贵族,还缴获了很多车马和牛羊之类的战利品,剩余的鬼方残部也被驱逐到了更远的地方,西北边境算是暂时安定了下来。

昭王南征

公元前996年,姬钊去世,他的儿子姬瑕即位,也就是周昭王。

不过,姬瑕并没能继承他父亲的才能和谋略,此时辅政的老臣们也都相继去世了,新一代的群臣生活在相对安定的年代,能力上也远不如召公、毕公等人,以至于昭王在位时期王道微缺,周王朝开始走上了下坡路。

这位周昭王在位期间,做得最多的事情就是带着军队东南西北到处打,而他一生最离奇的事件居然是他在南征途中蹊跷的死亡。

周昭王即位没几年，东南边境就出事了。这次动乱，很大程度上是因为青铜器。

早在商朝的时候，青铜器的使用就很广泛了。贵族奴隶主们祭祀、宴飨及丧葬礼仪活动中经常会用到青铜器，这是身份地位的象征。

但当时用来铸造青铜器的铜矿石大多来自南方，尤其是一个叫铜绿山的地方。

为此，商王还特意开辟了一条专门的路线，在沿途分封一些信得过的方国，让他们对这条路线加以保护，以保障这些金属能顺利运到都城去。

周朝建立后，延续了商朝的这一做法。但因为周朝起源于西边，对东方和南方各族的控制力一直不是很强。前些年又忙着攻打鬼方，安定西北，没有太多的时间和精力管东南。

东方的东夷族，南方的虎方、楚蛮和扬越，外加一部分商朝遗民，就趁机合起伙来打起了这些金属的主意。

为首的是楚蛮。

楚蛮和楚国虽然地理位置相近，却有很大区别。楚国君主姓熊，是周天子分封的诸侯国，楚蛮则是活动在汉水一带的其他部族，不受周天子控制。虎方的活动区域在鄱阳湖以西、洞庭湖以东，扬越则生活在如今的湖北和江西一带。

楚蛮之所以带头闹事，是因为铜绿山就在他们那里。

眼看青铜矿产被截留，周天子姬瑕当然不答应。他马上集结军队，打算把铜绿山抢回来。但他担心东夷族趁机作乱，为了稳定后方，他先带兵去打东夷族。

你们一定还记得我们前面提到过，夏王季杼、商王武丁都曾东征过东夷族。周朝灭商后，东夷族虽然也对周朝称臣，但心里却一直很不服气，一有机会就开始蠢蠢欲动，被打败就纳贡称臣。

这次姬瑕集结军队准备讨伐东夷族时，他们一看周朝大军人多势众，决定不吃眼前亏，纷纷派遣使者前来朝见周昭王，表示归顺。

收服了东夷族之后，姬瑕先是让军队休整一段时间，同时命令南方的诸侯国储备粮草，为即将过去的大军做准备。等到粮草准备好了，他召集比东征东夷族时更多的军队，先在南山这个地方以狩猎的形式进行了一场声势浩大的演习，紧接着就气势汹汹地发兵，一路高歌猛进，渡过汉水，深入现在的湖北一带。

南方的部族首领们一看他们来势汹汹，商量了一下："他们来了这么多人，要不我们还是退到山里吧！"

周朝大军毫不费力地重新占领了铜绿山，缴获了很多金属，心满意足地带了回去，只让一小部分人留下来镇守。

但南方的部族首领们并不是真想放弃铜绿山。他们一看周朝的大军撤走了，马上又从山里钻出来，重新夺走了铜绿山。

"这群狡猾的小人！"

姬瑕得知消息后非常气恼，当即吩咐祭（zhài）公和辛伯："你们赶紧带兵去打他们，这次一定要彻底征服他们！"

祭公和辛伯遵从天子的命令，带着大军一路来到汉水边，打算一举夺回铜绿山。

可是，这次他们渡汉水时遭遇了恶劣天气：狂风大作、暴雨倾盆，汉水江面上泛起了骇人的波涛，很多正在过河的将士都被淹死了。

祭公见损失了这么多人，只好暂时中止了前进的计划。

"看来还得我亲自去一趟！"

姬瑕气不过，再次亲率大军，来到汉水边。这一次，天气很好，他带着大军顺利渡过了汉水，到达铜绿山。

大军很快就大获全胜，又缴获了大量金属。

然而，就在他们准备北上返回的时候，汉水边又刮起大风，阴云密布，还发生了罕见的大地震。

地震轰轰隆隆的，把架在水面上的桥都震塌了。周朝大军带了太多的金属，

跑起来不方便，以至于很多人都掉进了水里，就连姬瑕和祭公也不例外。

"救命呀，救命呀！"他们惊恐地大喊着。

天子落水是件大事，大家纷纷下水营救。

只可惜当时情况太过混乱，周昭王就这么没了。

周昭王在这场亲征中死了，且死得很蹊跷，周王室后来大概是忌讳这件事，都没有通告诸侯，以至于史书都对周昭王的死因讳莫如深。就连司马迁的《史记》中也只是一笔带过："昭王南巡狩不返，卒于江上。其卒不赴告，讳之也。"

直到很多年以后，人们才从诸多史料中拼凑出一个可能是真相的真相。

有人从墨子的《墨子·公输》中"荆有云梦，犀兕（sì）麋鹿满之，江汉之鱼鳖鼋鼍（yuán tuó）为天下富"这段文字中推测出当时的汉水中鳄鱼（鼍）横行，所以周昭王可能是还没等到人们把他救上来，就被成群结队地游过来的鳄鱼咬死了。

《史记》原典精选

康王卒,子昭王瑕立。昭王之时,王道微缺①。昭王南巡狩②不返,卒于江上。其卒不赴告③,讳之也。

——节选自《周本纪第四》

【注释】

① 微缺:衰败残缺。
② 巡狩:本义是天子巡视诸侯国,这里是"为尊者讳",讳称"巡狩"。
③ 赴告:即讣告,报丧。

【译文】

康王去世以后,他的儿子昭王姬瑕继位。昭王在位的时候,王道衰败残缺。昭王到南方巡视没能返回,在长江的汉水边去世了。昭王去世以后没有通告诸侯,因为忌讳这件事。

铜绿山古铜矿遗址

铜绿山古铜矿遗址坐落于今天的湖北省大冶市西郊的铜绿山。这座古铜矿的开采时间最早可追溯到夏朝早期,是集采矿与冶炼为一体的大型矿冶遗址,也是中国青铜文化的发源地之一。在铜绿山遗址出土了商朝早期至汉朝的大量文物,有铜斧、铜锛、铁斧、铁锤等生产和生活用具,还有春秋早期的炼铜竖炉和开采工具。

经专家考证,后母戊鼎、越王勾践剑的铜都来自铜绿山。春秋战国时期,楚国能够变得强大,很大程度上也是因为这里盛产青铜,靠铜绿山的青铜铸造了大量的兵器。

26

穆王征犬戎：废话少说，打就完了

人　　物：姬满
别　　称：周穆王、穆天子
生 卒 年：？—公元前 922 年
出 生 地：成周（今河南省洛阳市）
历史地位：西周第五位君主。在位五十五年，是西周在位时间最长的天子

姬瑕去世后，他的大儿子姬满即位，是为周穆王。

对于父亲在位期间王道衰落不振的状况，姬满耿耿于怀。他一直惦记着想要重振文王、武王时期的治国之道。所以他当政的时候，任命了伯冏（jiǒng）为太仆正，时时训诫诸位大臣治国为政的道理，还作了《冏命》一篇。

在姬满的努力下，天下得以重归安宁。

西征犬戎

周穆王姬满在位期间，最重要的一件事就是西征犬戎。

犬戎是周王朝西边的一个游牧民族。早在帝喾时期，犬戎就活动在今天的陕西、甘肃一带,以白狼为图腾,和中原部族时有冲突。

周穆王时期,犬戎的势力逐渐强大,时常侵犯周朝边境。

"边境上的这些部族实在是太嚣张了,要好好收拾一下才行。"姬满打定主意。

穆王将要征伐犬戎时,他的卿士祭公谋父却连连劝阻:

"您最好不要轻易发动战争!

"先代圣王都是注重彰显德行的人,很少炫耀武力。武力要藏好,总是炫耀,人家就不重视了。

"边境上有冲突很正常,不到万不得已的时候,没必要兴师动众。最好是用礼法来教育他们,只要他们愿意归顺周朝,就还是我们的臣子。

"按照先王定下的规矩,王畿以内是甸服,王畿以外是侯服,侯服之外是宾服,蛮夷所在的地方是要服,狄戎所在的地方是荒服。

"每一级别都有自己要履行的义务,如果有人不履行,天子首先应该内省自己,内省后如果他们仍然不履行义务,才可以依法处置,这样才能让诸侯信服。

"犬戎属于末等的荒服,他们的君长一直有定期朝见,不久前还来都城进贡,可见是有臣服之心的,不算反叛。

"而您却准备以'不享'的罪名去讨伐他们,实在是不合先王制定的规矩。"

姬满听完后不满地瞪着眼睛:"这都不打他们,难道还要等着他们先来攻打我们吗?"

说罢,大手一挥,不再听谋父啰唆,执意要去打犬戎。

他的这次西征犬戎虽然取得了胜利,但收获不大,只得到了犬戎进贡的四匹白狼、四只白鹿。

但是导致的后果却很严重:从此以后,和犬戎一样同属于荒服的其他部族见姬满这么严厉,很多都不来朝见了。也就是说,周王朝在周边外族中失去了威信。

"真是越来越不像话了!都不来朝见,这不是明摆着要造反吗?"姬满更生气了。

他重整旗鼓，再次进军西北。这一次，他不仅大获全胜，还抓住了犬戎的首领和一些贵族。

为了从根本上瓦解犬戎的势力，他强制一部分的犬戎族人搬迁到别的地方去定居。但是，谁又愿意离开自己的家乡呢？如此一来，犬戎上上下下，都对周天子心怀不满。

姬满却一点都不在乎，他指挥着大军继续向西征讨，一路打到了今天的新疆伊犁一带，还准备继续向西。

攻徐之战

眼看着这仗打得一帆风顺，姬满非常得意。然而，因为长期带兵在西北一带征战，都城空虚，本来就不怎么愿意归顺周朝的东夷族又开始趁机闹事了。

为首的正是徐戎。

得知了这个消息的姬满，简直急得团团转，恨不得插上翅膀马上飞回去。

这时候，一个名叫造父的人拍着胸脯，挺身而出。

"别担心，把一切交给我就好！"

造父之所以这么自信，也是有原因的。因为他是蜚廉的后代。蜚廉曾是纣王的臣子，来自非常有名的善御家族，世代负责给商王驾车。他们这一支的祖先一直可以追溯到大禹时期的治水功臣伯益。

武王灭商时，蜚廉因为不在都城逃过一劫，之后就带着小儿子季胜去山中隐居了。

但他们这一族的驯马、驾车能力实在是太厉害了，不可能一直默默无闻。从造父的祖父孟增这一代开始，他们又被周天子征召过去，负责为王室驾车。

到了造父这一代，也是这样。并且，因为造父和姬满岁数相近，还都爱网罗天下名马、擅长打猎，二人私下里的关系也非常好。

不过，对于自己的本职工作，造父一点都不含糊。

有一次，他去潼关一带游玩时，得到了六匹骏马，不仅跑得快，浑身上下还没有一根杂毛。

造父见到好马，当然高兴了，但当时周天子乘坐的马车需要有八匹马拉车，这还少了两匹，怎么办呢？

于是，他决定亲自深入桃林之地的大山深处，为穆王寻找好马。这一走就走了好几百里，一路上风餐露宿，甚至闯进了罕无人迹的原始森林里，这才又捕获两匹好马，和之前的六匹马一起献给了姬满。

姬满一见这八匹骏马，万分喜悦，立即换上它们来拉车，从此对造父也更加宠信。

这八匹马的品质很高，能日行千里。正是靠着它们，造父才得以驾着马车载着姬满在很短的时间里就返回了都城。姬满及时发兵，平定了徐戎的叛乱。

"这次平叛你功不可没，就把赵城封给你作为赏赐吧！"姬满对造父说。

造父高兴地接受了封赏，从此就以赵为氏。

平定徐戎之乱后，姬满不再一味地往西北打，而是把大军转到东南，继续南征，他的强势做派震慑了四方，东南一带的许多方国和部族纷纷归顺于周的统治。

为了庆祝这件事，姬满还效仿先祖，在涂山召开了一场盛会，邀请远近的诸侯都来参加。大家得到消息，纷纷带着特产，恭恭敬敬地来朝贺，表示归顺。

《史记》原典精选

穆王即位,春秋已五十矣。王道衰微,穆王闵①文武之道缺②,乃命伯臩申诫太仆国之政,作臩命。复宁。

——节选自《周本纪第四》

【注释】

①闵:通"悯",悲悯,忧愁。 ②缺:缺损。

【译文】

穆王即位时,已经五十岁了。当时王道衰败不振,穆王为文王、武王时的治国之道缺损忧愁不已,就命伯臩为太仆,反复告诫他治国为政的道理,作《臩命》。天下得以重新安宁。

西王母的前世今生

传说中,周穆王姬满西征时,曾到过西王母之邦,西王母用美酒盛情款待了他。这件事被详细记载于《穆天子传》一书中。实际上,西王母可能是西域某个部族对其女性首领的称呼,和我们印象中的西王母不是一回事。

西王母的形象最早出现在《山海经》中,是主管各种灾祸和五刑残杀之气的怪神,外表看起来像人,却有着老虎一样的利齿,豹子似的尾巴,喜欢咆哮,披散着头发,看上去非常凶煞。汉代画像砖中的西王母形象已经变得和善起来了,之后又被道教文化吸收,成了人们印象中的"王母娘娘"。

27 共王、懿王和孝王：缝缝补补又三代

人　　物：姬伊扈
别　　称：姬繄扈、周共王、周恭王、周龚王
生 卒 年：？—约公元前 900 年
出 生 地：不详
历史地位：在位期间，灭了密国

人物小传

　　周穆王姬满打完西北打东南，虽然为周朝安定了边境，但也耗完了前几代好不容易积攒下来的财富。等到他的儿子姬伊扈即位时，国家已经差不多一穷二白了。

　　"都是打仗闹的，以后还是别再打仗了。再打下去，民众活不下去，又要造反了。"

　　姬伊扈解散了大部分军队，让将士们回到家乡，安心恢复生产。

　　那要是边境上再有冲突怎么办？谈判解决呗。周共王奉行"大事化小，小事化了"的原则，尽力维持表面上的和平。

　　但周天子也是要面子的。

这份面子，不能靠去外面打仗征讨得来，就只能靠拉拢身边人。

怎么拉拢呢？

封赏土地。

但问题是，周天子能封赏的土地早就差不多封完了。为了强撑面子，姬伊扈只好把王畿附近原本由天子直接管辖的土地分给大家。

分给别人的越多，自己拥有的就越少。

天子直接管辖的土地越少，也就意味着收入越来越少。

"去哪里搞点钱呢？"姬伊扈又动起了脑筋。

"我听说现在很多贵族私自开垦耕地，不如让他们交点税吧！从名义上来说，所有的土地都属于我，没有经过我的允许，就擅自耕种我的土地，我向他们要点钱也不过分。"

当时私自开垦耕地的贵族不在少数。姬伊扈这条措施一颁布，国库的收入确实飞快地增加了。

消灭密国

休养生息了一段时间，国库里也有钱了，眼看着内部环境基本安定了下来，姬伊扈也开始心痒难耐了。

他想出去巡游。这也能理解，他的爷爷周昭王和父亲周穆王都喜欢游山玩水，到全国各地去巡游、打仗。

"我不打大仗，小小地玩一场，总没什么问题吧？"姬伊扈想。

这一年的春天，周共王巡游来到了泾水边上。附近的密国国君密康公为了讨好周天子，亲自前来陪同。

本来，姬伊扈和密国国君相处得还不错。可是，这份融洽的君臣情谊很快就破碎了。

这天，君臣二人在泾水边上游玩时，有三个年轻的女子前来投奔密国国君。

密国国君的母亲劝说道:"这么漂亮的女子,还是献给天子为好,不然一定会惹来祸端的。"

但密国国君被她们的美貌深深地迷住了,根本听不进去劝告。

果然,共王姬伊扈见密康公居然不将美人献给自己,对这件事耿耿于怀,决定要拿密国开刀。一年之后,密国国灭。

不过,和他上几代的君王相比,姬伊扈发兵灭密国这件事,最多只能算是小打小闹。周共王姬伊扈在位期间,周朝的整体发展勉强还算平稳。

等到他的儿子姬囏(jiān)当上周天子时,周朝可以说是"屋漏偏逢连夜雨"!

周懿王姬囏生性懦弱,继位后无所作为,导致政治日趋腐败,国势不断衰落。

内政治理得不好,又赶上了边境出事,姬囏的头发都要愁白了。

西北边境上的北狄、西戎小部族们在成、康、昭、穆四王的统治时期一直被压制着发展,因为畏惧周朝的武力,他们一直没有掀起大的风浪。到了懿王姬囏统治时期,他们一看周朝已经很久没有对外作战了,也就变得强硬起来,开始频繁骚扰周朝边境。

其中,北狄的猃狁(xiǎn yǔn)一族尤为凶恶,做得也更绝。他们不仅冲到周族人的发祥地岐山附近疯狂抢劫,还一度长驱直入,准备打到镐京去。

姬囏急调虢公率军前去增援。虢公与猃狁大战一场,把他们一路赶回老家去。姬囏听了捷报总算放下心来。

但这次的胜利也让姬囏膨胀了。

他觉得,虢公既然能打败猃狁,也一定能打败经常来犯边的犬戎。

为此,他兴师动众,大举征兵,把军费增加到原来的好几倍,打造出一支"威武之师"。

然后,他下令让虢公率领着这支军队去北伐犬戎,没想到犬戎拼死抵抗,最终虢公大败而归。姬囏不仅没占着便宜,还损失了很多将士,这让他非常沮丧。

周朝的民众也对此特别不满。为了打这场仗,他们既出了人,又出了钱,最后没有得到一点好处,日子反而更难过了。一时之间民怨沸腾,国内的形势开始变得不太平。

紧接着又降临了罕见的天灾,可谓雪上加霜——这年冬天,天气冷极了,一会儿下暴雨,一会儿下冰雹,温度持续下降,很多人和牲畜都被冻死了。

姬囏是个很迷信的人,他能因为一天内接连出现两次天亮这种奇特的天象,就觉得都城镐京的风水不好,因而大动干戈地迁都。这次的天灾也让姬囏认为是不祥之兆,是上天在惩罚他,整天疑神疑鬼,吃不好也睡不好,没过多久就病死了。

辟方夺位

姬囏死后,按照惯例应该由他的儿子姬燮(xiè)即位,但姬燮太过懦弱无能,斗不过强势的叔祖父姬辟方,最终被夺去天子之位。

姬辟方是周懿王姬囏的叔父,继位后就是周孝王。

姬辟方是个有点政治抱负的人,他即位后的第一件事就是要收拾犬戎。而且,他吸取了之前的教训,没有再动用周朝自己的军队,而是打算起用西边的申人去作战。

他之所以这么做,是因为申人长期生活在周朝的西部边境,比周族人熟悉犬戎。并且申人一直臣服于周朝,非常听话,为此,周天子还把他们的首领封为侯爵。

这次他就下令由申侯率军去征讨犬戎。

但申侯却并不愿意这么做，征讨只能使百姓和士兵遭受无谓的伤亡，得不偿失。

申侯于是劝姬辟方道："何必非要打仗呢？既浪费钱，又费时费力。从前我的祖先娶了郦山氏的女儿，生下的女儿嫁给戎胥轩为妻，又生下了中潏。中潏因为亲近的缘故归顺了周朝，保卫了西部边疆的安宁，西犬丘因此成为周朝与西戎之间的屏障。如今我的女儿嫁给了西犬丘的首领大骆，如果由我出面去调和，我们这两族就能保证让西戎人顺服，使周朝西部边境永远安宁。"

"如果真能这样，那就太好了！"姬辟方觉得这也是个好办法，非常高兴。

见姬辟方面露喜色，申侯又开始慢吞吞地说："但我也有一件心事……您也知道，我的外孙还小，但大骆还有个儿子非子，已经长大成人了。我有点担心他和我的外孙争夺首领的位子……"

"非子？"姬辟方想了想，"就是那个专门给我养马的非子吗？"

"对，就是他。"

"放心吧。他把马养得那么好，要是把他放回犬戎去我还舍不得呢！"姬辟方一下就明白了申侯的意思，当即给了申侯一颗定心丸。

他们所说的非子，是西犬丘部族首领大骆的庶长子，从小就擅长饲养和繁育牲畜。

姬辟方偶然听说了这件事，召见非子。一见到非子就十分赏识，任命他为养马的大臣。

非子接受任命之后，来到汧水和渭水之间的一片牧场专门为周朝养马。他处处尽职尽责，没过几年时间，就使马匹的数目大大增加。经非子之手养大的

马匹雄骏无比，周孝王对非子非常满意，为了奖赏非子，原本有意让非子继承其父大骆的宗脉。

申侯非常害怕姬辟方把非子放回去，那他的外孙以后就做不成西犬丘的首领了，这才有了吞吞吐吐提要求这一出。现在，他听姬辟方这么说，也就放下心来，出面去和犬戎讲和了。

犬戎的首领果然接受了申侯的调停，不仅保证再也不闹事，还派人送给周朝一百匹好马。当然，作为回赠，周朝也送给他们很多粮食和布匹。

犬戎的事情总算暂时解决了。

姬辟方很喜欢这些西戎贡马。在当时，马是国家的重要财产，既可以用来祭祀、耕地，也能用于战争。只可惜周朝人从来不擅长养马，也很难得到好马。

"他们送来这么多优良健壮的良马，如果好好饲养，就可以得到很多小马！日久天长，我们不就也有好马了吗？"姬辟方这样想着，就把这些马统统交给非子，让他专心养马。

三年过去后，非子果然不负所托，不仅把马越养越多，质量也非常好。

"听说你有治水功臣伯益的血统。当年伯益就因为擅长管理牲畜，获得封地和嬴姓。如今你继承了祖先的优点，为我驯养了大量良马，理应得到封赏。"

姬辟方高兴地把非子封到秦地，让他延续嬴姓的祭祀。这就是秦国的前身。

同时，周王室也没有废除申侯女儿所生的大骆嫡子成，让他继承了西犬丘的首领之位，继续维持犬戎和周朝的和睦相处。

《史记》原典精选

康公不献,一年,共王灭密。共王崩,子懿王囏立。懿王之时,王室遂衰,诗人作刺①。懿王崩,共王弟辟方立,是为孝王。孝王崩,诸侯复②立懿王太子燮,是为夷王。

——节选自《周本纪第四》

【注释】

① 刺:讽刺。　② 复:又,重新。

【译文】

密康公不愿意将三个美人献给共王,一年以后,共王灭掉密国。共王去世以后,他的儿子懿王囏继位。懿王在位的时候,王室就衰败了,诗人写诗讽刺。懿王去世以后,共王的弟弟辟方继位,这就是孝王。孝王去世以后,诸侯又拥立懿王的太子燮继位,这就是夷王。

小小谥号有乾坤

古代帝王、诸侯、卿大夫等有地位的人死后,一般都会有谥号,是后人对其一生的简单总结。这个制度开始于西周时期。

从谥号中,我们可以窥见后来者对这个人的评价。例如,姬囏的谥号是懿,懿的意思是温和善良,可能还有点胆小。而姬辟方的谥号是孝,孝的意思是被亲戚们拥护,事实上,姬辟方之所以能够即位,的确是因为亲戚们的帮助。但谥号不全是好的,众多谥号中,厉、灵、炀等字都带有贬义,哀、闵、愍、怀等字则有同情的意味。

28 厉王奔彘：都是乱收税惹的祸

人　　物：姬胡
别　　称：姬鈇、周厉王
生 卒 年：？—公元前828年
出 生 地：不详
历史地位：西周第十位君主，任性妄为的暴君

人物小传

虽然姬辟方抢了侄孙姬燮的王位，但在他死后，并不是他的儿子继承王位。

诸侯们觉得他得位不正，又拥立懿王的儿子姬燮继位，姬燮还是做了周天子，史称周夷王。只不过，姬燮确实不是明君。他即位后，不仅没什么作为，还昏庸极了，经常听信谗言。

当时，诸侯国中的纪国和齐国挨得很近，经常闹矛盾。纪国国君纪炀侯气不过，就在姬燮面前频繁告状，陷害齐国国君齐哀公。姬燮听了以后，不分青红皂白就用酷刑杀死了齐哀公，改立齐哀公的异母弟弟为国君，也就是齐胡公。齐哀公的同母弟弟姜山对此非常不满，为了给哥哥报仇，他不仅带人杀死了齐胡公，把齐胡公的儿子们都流放出去，还自立为国君，号称齐献公。

按理来说，诸侯国的国君应该由周天子任命，虽然齐献公姜山杀死姬燮任命的国君事出有因，但他自立为君，也是摆明了不把姬燮放在眼里。

姬燮也不是不想收拾齐献公，无奈周朝已经衰弱，他心有余而力不足。

诸侯们一看，周天子竟然连这种事都能忍下，顿时什么都明白了。从那以后，对待周天子，再也不像以前那么恭敬了，有些势力大的诸侯甚至从此以后就不来朝贡了。

楚国是其中最嚣张的一个。它不仅仗着自己势力大兴兵攻打其他诸侯国，楚国国君熊渠甚至擅自仿效周天子的礼仪，把自己的三个儿子册封为王。这是很严重的僭越行为，但姬燮也只能听之任之，什么也做不了。

直到他的儿子姬胡，也就是周厉王即位后，熊渠畏惧姬胡凶恶残暴的行事作风，害怕他会发兵讨伐自己，这才主动去掉了自己的王号。

姬胡的凶恶残暴都体现在什么地方呢？

姬胡在位初期，不仅王朝内部统治"四面漏风"，外部也频频出问题——这一次闹事的是鄂国（位于今天的河南南阳一带）。

鄂侯驭方见周王朝势力衰弱，就联合淮夷和东夷一起造反，眼看着就要打到东都洛邑附近了。

情况这么危急，姬胡当然不会坐视不管了，他紧急调西六师和殷八师的大军前来平定叛乱。经过激烈的战斗，终于打赢了鄂国，但一时之间也无法拿淮夷和东夷怎么样。

淮夷见状，更加猖狂了。他们没过多久又发兵向周王朝进攻，厉王命虢仲率兵反击，未能取胜。淮夷大军一直深入周朝的中心地带，不仅烧杀抢掠，还抢走了大量周朝的民众，想带回去当奴隶。

姬胡见状怒气冲冲，再次亲征，指挥将士反击淮夷。

这一次，大军不仅抢回了被俘的周朝民众，还把淮夷彻底赶回了老巢。从那以后，淮夷终于又变得老实起来。楚国听说姬胡这么强硬，也低调了不少，主动把王号取消了。

厉王专利

平定鄂国和淮夷的战争，在一定程度上震慑了诸侯，但也消耗了大量国力。姬胡的父亲本就没给他留下太多钱，国库在他攻打淮夷和东夷的时候，就花得差不多了。

姬胡还想提防着边境上的部族，生怕他们再闹出什么乱子，为此自然就要再增加军费开支。

再加上姬胡本身就是个贪图享乐的人，眼看着国库日益空虚，钱不够花了，姬胡开始发愁。

"钱的事情，哪需要您这么发愁呢？"荣国的国君荣夷公挺身而出。

他向姬胡建议道："您的曾祖父不是曾因私田的问题向贵族征过税吗？不如您也这么做。"

姬胡的曾祖父，就是周共王姬繄扈。

"倒是也能这么做。但也正因为我的曾祖父已经这么做过了，土地这块也没有太大的油水了！"姬胡还是很发愁。

"您还有山林湖海呀。"荣国的国君说，"名义上，这些地方也都属于周天子。现在，人民没有经过您的同意就私自利用这些资源，以这个借口向他们收税，也不算过分吧？"

"好主意！"姬胡高兴地拍手赞成。

从此，姬胡开始对山林川泽的物产实行"专利"制度，也就是说，谁想要上山砍柴、打猎，下河捞鱼，林地放牧……都要先向他交税才行。

可是，经历了连年征战，民众的生活本来就很困难，姬胡这么做无异于断了人们的活路，大家越来越不满。

芮国的国君芮良夫当时正是周朝的大夫，听说了这件事后，赶紧提醒姬胡道："财利是万物所生，是天地所赐予的，怎么能一个人据为己有呢？一个普通人聚敛财利尚且被称之为盗贼，身为天子的您如果这样做，愿意归附您的人一定就少了。所以，还是停止收取专利税吧！"

"暂停这个，钱从哪里来呢？"姬胡一点也不听劝，甚至还给荣夷公晋升了官爵，让他管理国家大事。

高压止谤

荣夷公的蛊惑让姬胡变本加厉，施行暴政、奢侈傲慢，连生活在都城里的国人都开始公开议论他的过失。

当时，周朝的民众有"国人"和"野人"的分别。简单来说，住在城内的称为"国人"，和周天子的关系比较近，有参与议论国事的权利；住在城外的称为"野人"，和周天子的关系比较远。

连国人也开始不满地议论了，这让一些大臣很是担忧。

没过多久，召公的后代姬虎也来好心劝谏姬胡："这两天，我听说民间流传一首歌谣，说您与民争利，就像偷粮食的大老鼠一样。您还是趁早废除专利税吧，否则早晚会发生动乱的！"

"我只不过是向他们收了一点钱,他们就说我是大老鼠!我可是周天子,他们这么诋毁我,真是不想活了!"姬胡听了姬虎的话非但不反思,反而非常生气。他生气的后果就是找了一个卫国的巫师,专门监视百姓的言论。

从那以后,百姓中谁要是对专利税不满,卫巫就会带人去把他抓起来杀掉。他也不管这人是不是真的说了不满的话,只要有人报告给他就处死,因而误杀了很多人。

一时间,百姓风声鹤唳,草木皆兵。有些人为了避免惹麻烦,干脆就不在公共场合说话了。人们走在路上碰到了熟人,只敢相互使个眼色,连打招呼都不敢,更别说交谈了。

姬胡很得意地对姬虎说:"你看看,现在就没人说我了吧?"

"人们不是不想说,是不敢说。"姬虎非常无奈,"您堵住了他们的嘴有什么用呢?这么做比堵住洪水还要危险。要知道,洪水被堵住,早晚会冲破堤坝。想要治理洪水,不能堵,只能疏。治理民众也是同样的道理,想要治理好民众,不能靠恐吓,而应该放开言路,认真听取民间的声音。"

"算了吧!民间的声音那么多,我要是都听,岂不是要被烦死了!"姬胡还是不听劝,姬虎无奈只好退下了。

国人暴动

又过了三年,在专利税的盘剥下,人们的日子一天都过不下去了。

公元前841年,忍无可忍的国人纷纷拿着棍棒,冲进王宫,想要打死姬胡。姬胡听说这个消息后,赶紧召集卫队准备抵抗。但卫队也不想保卫他,姬胡没有了办法,只好带着几个贴身的随从,慌慌忙忙地逃离都城。之后,他们沿着

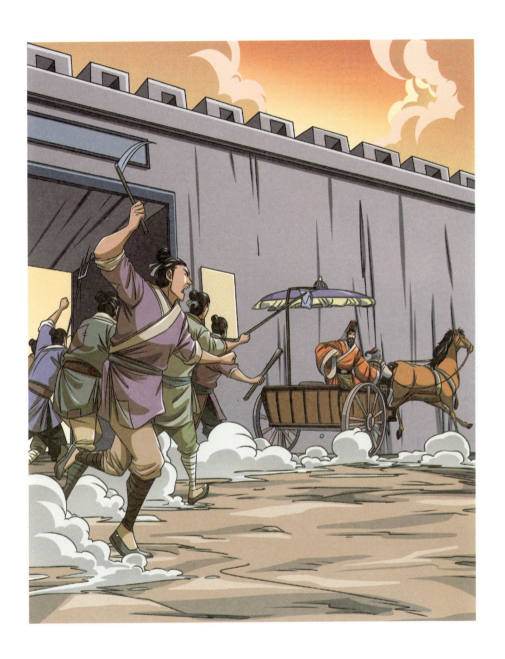

渭水一路逃到彘（今山西省霍州市东北）这个地方。

国人吵吵嚷嚷地冲进王宫，却没找到姬胡，一群人本着"父债子偿"的原则，想拿他的儿子姬静出气。

"这孩子要是落到他们手里，岂不是要被打死……"姬虎担忧地想着，赶紧把姬静带回自己家，小心地藏起来。

然而，世上没有不透风的墙。很快就有人听说了这个消息，告诉了大家，人们就追到了姬虎的家外，里三层外三层地把他家围得水泄不通，纷纷叫嚷着让他交出姬静。

姬虎对姬静说道："以前我多次劝谏大王，但是大王不听，这才有了今天的灾难。我虽心有怨气，但也不敢记恨。你是天子选定的继承人，我无论如何都不能让你死在他们手上。"

"他们人多势众，您要怎么办？"姬静问。

"你只需要记住今日的教训，别的不用多管，我自有办法。"姬虎说。

姬虎所谓的办法就是把自己的儿子推了出去，对民众说："这就是你们要找的太子姬静。"

大家都没见过姬静，不知道他长什么样子，只觉得看上去年龄差不多，这个少年应该就是姬静了，马上愤怒地冲上来，把姬虎的儿子打死了。

国人平息怒气离去后，姬静在姬虎的家中悄悄被养大。

逃到了彘地的姬胡又苟活了十多年，最终在彘这个地方去世。他的一生亲近佞臣、贪财图利、横征暴敛，使得百姓怨声载道。人们觉得他是一个滥杀无辜的国君，给他选了"厉"这个谥号。

《史记》原典精选

防民之口,甚于防①水。水壅②而溃,伤人必多。民亦如之。是故为水者决之使导,为民者宣之使言。

——节选自《周本纪第四》

【注释】

① 防:挡住。　② 壅:堵塞。

【译文】

堵住人们的嘴,要比堵住河水还要严重。河流里的水被堵住,就会有决堤的危险,溃决之后伤的人一定很多。堵住人们的嘴也是这样。因此治水的人通常都是疏通河道使它畅通,治民者也需要广开言路,让人们畅所欲言。

周朝的国野制

国野制,又叫乡遂制,是西周分封诸侯后方便区分统治阶级和被统治阶级而设立的一种区域划分制度。

天子和国君所在的都城和近郊被称为国,国中分六乡,里面居住着和王室关系密切的大小贵族,也就是国人。国人有权参政,战时需服兵役。

六乡之外的地方称为遂,遂以外是鄙,遂与鄙合称为野。居住在这里的人统称为野人,地位较低,只能承担农业劳役和其他徭役,没有参政权,无权服兵役。

宣王中兴：西周最后的回光返照

人　　物：姬静
别　　称：姬靖、周宣王
生 卒 年：？—公元前782年
出 生 地：不详
历史地位：西周第十一代君主，"宣王中兴"局面的开创者

人物小传

　　姬胡逃走了，姬静被"打死了"，国人暴动这才平息了下来。可是都城里没了周天子，群臣无首，该怎么办呢？

　　王公贵族们商议后推举召公的后代姬虎暂代天子管理政务，姬虎不敢擅专，又找来周公的后代共同主持朝政，和大臣们一起治理周朝。

　　这一时期也被称作"周召共和"。

周召共和

就这样过了十四年,姬静在姬虎家中被当作儿子一样抚养长大,等姬胡在彘地去世的消息传来,姬虎和众位大臣找了个机会拥立姬静做了天子,姬静就是周宣王。

姬静即位后,以召穆公、周定公为首的众多大臣全力辅佐他,修整政治,效仿文王、武王、成王、康王时期的治国方法,使得政治上出现了比较清明的景象。

姬静亲眼看着父亲姬胡因为压榨民众弄出那么大的乱子,所以在即位之初,非常注意安抚民众,处理政务也很勤勉。

有一次，国内发生了大规模的旱灾，姬静担心百姓收成受损，吃不上饭，就亲自向上天求雨。《诗经·大雅·云汉》记载了他向上天求雨的祈祷词。

这一系列操作，让姬静赢得了百姓的好感，天子的威信有所恢复。

姜后脱簪

但姬静此时毕竟年轻，偶尔也会有些贪玩，不但早睡晚起，还经常逗留在后宫不愿去理政。

姬静的王后是齐国国君的女儿，是姜尚的后代，因为姓姜，被称为姜后。

姜后贤而有德，见姬静如此疏于朝政心里十分担忧，害怕他会像夏桀或者商纣王一样。

"周朝已经很衰落了。再这样下去，非但不能振兴周朝，还很可能亡国。这可不行！我一定得想想办法。"姜后思索良久后，心生一计。

这天，她摘下华贵的首饰，脱下王后的华服，换上普通的衣服，走出宫殿，去了王宫中关押犯罪后妃、宫人的地方。

姬静不见了王后非常着急，让人四处去寻找。

姜后就让负责教育自己言行的傅母转告姬静说，"王后担心您对她过于喜爱，怠慢了朝政，对国家不利。王后认为如今国家存在动乱的根源是她，所以特地脱簪待罪，请您治罪于她"。

姬静听完后明白了王后的苦心，马上亲自去把王后请回宫，从此再也不贪玩了。而姜后作为妻子也时刻督促他，不让他有一刻的懈怠。

在夫妻二人的共同努力下，在一众贤臣的辅佐下，周朝渐渐振兴起来，不仅积攒下大笔财富，还通过对周边部族的战争树立了威信，使四夷咸服，诸侯又重新朝见天子，史称"宣王中兴"。

干涉鲁政

只可惜，周朝的复兴就如同昙花一现，只维持了很短的一段时间。

到了姬静中年时期，他开始膨胀，越来越刚愎自用，根本听不进去别人的意见。

他甚至罔顾礼法，插手诸侯国的内政。

有一年春天，鲁国国君鲁武公带着两个儿子来都城朝见天子。鲁武公的大儿子叫姬括，小儿子叫姬戏。当时，长子姬括已经被立为继承人，但姬静更喜欢鲁武公优秀的小儿子姬戏，想改立姬戏为继承人。大臣们认为这不合"嫡长子继承制"的规矩,百般劝谏,但他还是让鲁武公废长立幼。

鲁武公回国后没多久就去世了,姬戏继承了国君之位。姬括倒是没说什么,但他的儿子伯御非常不满,带着手下一起杀死了姬戏,把国君之位抢了回来。

"这还得了!"姬静派兵讨伐鲁国,杀死了姬括的儿子伯御。但姬戏没有留下后代,国君之位的传承成了问题。姬静没了办法,后来是仲山甫找来了姬戏的弟弟姬称,说他处事沉稳、敬重老人,适合做国君。姬静这才立姬称为鲁国的新国君。

姬静这么霸道、任性地插手诸侯国的事情,导致鲁国内乱多年。这让刚刚开始臣服于他的诸侯们都觉得很荒唐,渐渐地又不怎么服他了,经常出现违抗天子命令的状况。

"你们不给我面子,我就去外面打仗,自己挣面子!"姬静想起辉煌的过去,又开始四处征战。只可惜他的运气不像早些年那么好了,有时能打赢,有时则输得一败涂地。

最惨的一次,要数征讨姜戎的千亩之战,姬静从南国征集来的大军几乎全军覆没,幸亏为他驾车的奋父车赶得好,才得以带他逃出重围,捡回来一条命。

如此惨重的损失,大臣们自然需要找一个"借口",于是就把责任推给了姬静,认为是天子"不籍千亩"导致的,是老天爷在惩罚天子的失德。

"不籍千亩"这件事说起来是这样的:按照之前的惯例,每年春耕之前,天子都要率诸侯到田里亲自耕田,以示对农业的重视,这被称为"籍田礼"。可姬静在位期间却觉得没有必要,宣布要废除籍田礼,不再去亲耕,虢文公反复劝谏都没能改变他的心意。

然而,千亩之战的失败也并没能让姬静有所收敛,在战争失败后,为了补充兵力、拓宽财源，姬静要求清点全国的人口。这遭到了太宰仲山甫的反对，他认为这么做有违常制，大张旗鼓地清点人口也会让诸侯清楚当下人口减少的实际情况，对国家很不利。但姬静并不听他的劝谏，不仅清点了全国的人口，还严惩隐瞒人口的贵族。这虽然在短时间内补充了兵力、解决了财政危机，但触动了很多人的利益，动摇了周王室的根本。

接下来的几年，天灾不断，还传出了城中有兔子跳舞、马变成狐狸等异象，人们更相信是老天爷在惩罚天子失德了，社会动荡不安。

姬静却觉得，之所以如此是因为大臣们办事不力。他不问青红皂白地处死了很多大臣，其中就有大夫杜伯。杜伯家人中只有儿子隰（xí）叔逃了出去。他一路逃到晋国，做了晋国的大臣，后来成为晋国六卿之一范氏的始祖。

处死杜伯之后，姬静也知道自己理亏，终日疑神疑鬼，没多久就病死了。

姬静的谥号为"宣"，史称周宣王。他执政期间的"宣王中兴"也就成了西周王朝最后的回光返照，因为他的儿子比他更荒唐，直接把自己和都城都玩没了。

《史记》原典精选

召公、周公①二相行政,号曰"共和"。共和十四年,厉王死于彘。太子静长于召公家,二相乃共立之为王,是为宣王。宣王即位,二相辅之,修政,法文、武、成、康之遗风,诸侯复宗周。

——节选自《周本纪第四》

【注释】

❶周公:周公姬旦的后代,名已失传,谥号"定"。

【译文】

召公、周公两位辅臣共同执政,号称"共和"。共和十四年,厉王死在彘。太子静在召公的家里长大,两位辅臣于是共同拥立他成为王,这就是宣王。宣王在位时,两位辅臣辅佐他,修整政治,效法文王、武王、成王、康王的遗风,诸侯重新以周朝为宗主。

共和行政

关于"共和行政"这个说法其实存在分歧:一方面是如《史记》中所说,由周、召二公共同负责,代周行政,故曰"共和";另一种说法是由共国国君共和伯一人代行天子事,所以称"共和"。这第二种说法出自古本《竹书纪年》,《左传》和目前已出土的西周末年的一些金文可以作为佐证,许多学者认为这种说法的可信度要高一些。这是个相对复杂的问题,需要等待更有力度的证据出现。

还有值得一提的一点,共和行政开始的公元前841年,也就是共和元年,是《史记·十二诸侯年表》中记录的开始年份,也是中国历史上有确切的绝对纪年的开始。

30 幽王烽火：就要你们了，怎么着吧

人　　物：姬宫涅
别　　称：姬宫生、周幽王
生 卒 年：公元前795年？—公元前771年
出 生 地：不详
历史地位：西周第十二任君主，沉湎酒色，不理国事，最终致使西周灭亡

人物小传

姬静去世后，即位的是他的儿子姬宫涅，也就是历史上十分有名的亡国之君——周幽王。

周宣王末年发生的旱灾持续了好些年，一直到幽王即位都没有得到缓解，许多河流、泉池都干涸见底，草木庄稼都枯死了，到处哀鸿遍野，民不聊生。

三川地震

周幽王二年，旱灾还没过去，都城镐京及泾水、渭水、洛水流域多地又发生了强烈的地震，这一系列严重的自然灾害，让百姓惶惶不安，政局不稳。

当时的太史伯阳甫是个很有远见的人，地震之后就去面见周幽王，说："我

们周朝将要灭亡了。天地有阴阳二气，各得其位大地才会安宁。如果阴气翻腾上来压制住阳气，阳气潜伏而不能出，就会发生地震。地震之后水源被堵塞，国家就会灭亡。从前伊水、洛水出现枯竭，而后夏朝灭亡；黄河出现枯竭，而后商朝灭亡。现在我们周朝的情况和夏、商灭亡前的情况很相似，看来是老天爷要抛弃我们了。"

周幽王听完后，认为他是在危言耸听，并不当回事，依旧沉迷享乐，不问政事。没过多久，就传来泾水、渭水、洛水这三条河枯竭的消息，同一年，岐山又发生了崩塌事件，大臣们纷纷进谏，但并没有什么成效。

周幽王不喜欢这些满口大道理的臣子们，反而亲近一些奉承他的佞臣。其中就有虢国的国君虢石父。

烽火戏诸侯

自从周朝建立开始，虢国的国君就非常受天子的重视，在王朝中担任重要官职。然而，这一代的虢国君主虢石父却是个贪图钱财、擅长阿谀奉承的小人。他挖空心思地迎合周幽王，压榨民众，很快激起了百姓的怨恨。但周幽王却很喜欢他，任命他做了上卿。

周幽王有一个来自褒国的妃子名叫褒姒，周幽王对她非常宠爱。

但褒姒因为离开家乡，总是闷闷不乐的，像一座冰山一样，让人难以接近。

"怎么才能让她笑一笑呢？"周幽王很苦恼。他试了很多办法逗褒姒笑，可一点用也没有。

虢石父转了转眼珠，出了一个馊主意，说："您不是有很多烽火台吗？"

周幽王一下子就明白了虢石父的意思，但他有些犹豫。毕竟，以往只有在遭遇外敌入侵时，才会点燃烽火台，附近的诸侯看到烽火后就会带兵前来支援。怎么能拿这种事情开玩笑呢？

"如今天下太平，烽火台早就没用了。大王不如用它戏耍诸侯们一番，娘娘见了诸侯们着急忙慌赶过来的场面，一定会笑出来的。"

"只要能看到褒姒笑一笑，我愿意试一试！"最终，周幽王还是派人点燃了烽火台。

诸侯们看到接连燃起的烽火，还以为天子遇到了危险，赶紧带兵来救。万万没想到，等他们气喘吁吁地到了地方，连一个敌人的影子都没见到，个个非常疑惑。

"哈哈哈哈……哈哈哈哈……"褒姒看到诸侯们被捉弄得团团转，一副狼狈不堪的样子，顿时大笑起来。

"笑了笑了，她终于笑了。"周幽王也很开心，马上赏赐给虢石父很多钱财。

"这怎么能拿来开玩笑呢？"诸侯们醒悟过来，他们觉得周幽王太过荒唐。

"就要你们了，怎么着吧！"周幽王豪横地叫嚣道。诸侯们拿他没有办法，只好怒气冲冲地带着军队回去了。

周幽王觉得这个办法很好用，之后又多次命人点燃烽火，渐渐地，诸侯都不再相信周幽王，看到烽火也不肯再应召而来了。

幽王有个王叔名叫姬友，是周厉王的小儿子、周宣王的庶出弟弟。在周宣王即位后的第二十二年，才被分封到郑地，后世称他为郑桓公。他治理郑国时爱民如子、颇有政绩，深得百姓的爱戴，后来周幽王就把他召到都城来担任司徒一职。在司徒任上，他团结并安抚宗周的百姓，赢得了周民的欢心。

可才在司徒的任上满一年的时间，郑桓公就发现周幽王过于宠信褒姒和虢

石父,导致朝政中弊病很多,还有很多诸侯背叛了周王室。郑桓公担心祸患将至,打算给自己找一条退路。

郑桓公找到有远见的太史伯阳甫咨询道:"周朝已经变成这样了,我该逃到哪里去呢?"

"只有洛水以东、黄河以南的地方适合您安居。"

"南边的长江岸边不好吗?"

"南边的长江流域是楚国的地盘。他们向来和周朝不和,您应该离他们远点。"

"那西边呢?"

"西边有很多游牧部族,蛮横贪婪,也不适合长久居住。"

"东边呢?"

"东边是东夷族的天下,您要是去了,不可能站得住脚。放眼天下,只有洛水以东、黄河以南的这块地方适合您。这里邻近虢国和郐国,这两国的国君贪图利益,不得民心,而您的德行深受百姓爱戴。想要长期发展,不如就去那里吧。"

郑桓公觉得他分析得很有道理,急忙安排自己的子民迁移到那里定居。

犬戎之祸

王叔的离开并没有引起周幽王过多的关注,因为褒姒为他生下了儿子伯服,周幽王非常高兴。

他甚至打算废掉王后申后,改让褒姒做王后;同时废掉太子姬宜臼,改立伯服为太子。

原来的王后是申侯的女儿，姬宜臼被废后，赶紧逃到了申侯那里。

"他竟然敢这么对你们母子！"申侯非常生气，秘密联合缯国和西方的犬戎等小国，带了很多军队一起去攻打周幽王。

周幽王见对方来了这么多人，赶紧命人点燃烽火，召集诸侯前来增援。但是，有了之前的事情，诸侯们都不相信他，谁也没有来。

周幽王势单力薄，逃到了镐京不远处的骊山上，但还是被犬戎人找到杀死了，就连他最喜欢的褒姒也被抓走了。可怜的郑桓公因为此时陪在周幽王身边，也一并被杀了。

等诸侯们知道犬戎是真的打进了镐京，带兵来救援时，只看到被洗劫一空的都城。击退了犬戎之后，诸侯们来到申侯那里，一起拥立姬宜臼做新的天子，由他来继承周朝的祭祀，姬宜臼也就是周平王。

《史记》原典精选

褒姒不好笑，幽王欲其笑万方①，故②不笑。幽王为烽燧大鼓③，有寇至则举烽火。诸侯悉至，至而无寇，褒姒乃大笑。幽王说之，为数举烽火。其后不信，诸侯益亦不至。

——节选自《周本纪第四》

【注释】

❶ 万方：千方百计，各种各样。　❷ 故：通"固"，就是。

❸ 烽燧大鼓：都是古代边防预警的信号，白天放烟为烽，夜晚举火为燧，擂鼓告急。

【译文】

褒姒不爱笑，幽王就想尽各种办法逗她笑，可是她就是不笑。周幽王就命人点燃烽火狼烟，敲响大鼓——如果有敌人来犯，就点燃烽火传递敌情。诸侯们都赶了过来，却没有看到敌人，褒姒看到这个场景大笑起来。幽王很高兴，就为褒姒多次点燃烽火。后来诸侯们都不再相信幽王，看到烽火也不来了。

烽火台

烽火台又叫烽燧，是中国古代传递军情的重要军事设施，通常建在山岭高处，视野开阔，便于瞭望。烽火台上备有点火设备，守卫一旦发现有外敌进犯，白天放烟，晚上点火。附近的烽火台看见信号后依次点火报警，将敌情迅速传递出去。

一般来说，一个烽火台至少要有两个人守卫，也有十多人甚至几十人的。这些人由"燧长"统一管理，轮番上台守望，日夜不停。

成语典故小课堂

1. 好学深思

《史记·五帝本纪》中记载：《尚书》中关于黄帝的传说缺失已经很久了，但黄帝散佚之事却时时旁见于其他记述中。不是喜爱学习并能深入思考的人，很难领会其中的意义。

"好学深思"多用来形容一个人爱好学习并能深入思考。

2. 就日望云

《史记·五帝本纪》中记载：帝尧的仁德像天空一样浩大，智慧像神灵一样高深，人们就像追逐太阳一样跟随着他，像仰望云彩一样仰慕着他。

"就日望云"原指贤明的君主恩泽施及万民，后多比喻得以靠近天子。

3. 三过其门

《史记·夏本纪》中记载：大禹治水时，"劳身焦思，居外十三年，过家门不敢入"。

后人多用"三过其门"来比喻对工作认真负责，因公忘私。

4. 网开三面

《史记·殷本纪》中记载：成汤出游时，看见一位猎人在四面八方布下罗网。成汤说："这样一来，就一网打尽了啊！"于是，下令让猎人撤去了其中三面，只留一面。

"网开三面"也作"网开一面"，后来多用来比喻采取宽大的态度，给人留下出路。

5. 囊血射天

《史记·殷本纪》中记载：商朝后期的帝王武乙，曾想出了一个藐视上天的游戏——他让人用皮囊装满一袋血挂在高处，自己朝皮囊射箭，射中了就大叫："看啊！天都被我射得流血了！"

后人常用"囊血射天"来形容一个人的暴虐狂妄，犯上作乱。

6. 靡靡之乐

《史记·殷本纪》中记载：商纣王喜好美酒和乐舞，下令让乐师师涓为他创作新的乐舞。师涓冥思苦想，创作出了低俗的北里之舞和靡靡之乐。商纣王很喜欢，整天陶醉在这样的歌舞中，不理政事，不久便被周武王打败了。

"靡靡之乐"多用来代指有低级趣味的乐曲，也代指亡国音乐。

7. 叩马而谏

《史记·伯夷列传》中记载：武王伐纣时，伯夷、叔齐叩马而谏："你父亲死而未葬，就动干戈，这能算孝吗？你作为商朝的臣子，竟敢发兵讨伐天子，这能算忠吗？"

"叩马而谏"多用于形容竭力进行劝谏。

8. 扶老携弱

《史记·周本纪》中记载：周文王的祖父古公亶父原在豳地为首领，后来为了避开戎狄侵扰，决定由豳地迁回岐山下定居，豳人扶老携弱，举族跟随他搬迁。

"扶老携弱"本义是搀着老人，领着小孩，也可用来形容民众成群结队而行。

9. 歌功颂德

《史记·周本纪》中记载：古公亶父带领族人搬回到岐山脚下定居后，摒弃了在戎狄时的习俗，重新盖房子，建邑落，开田地，设衙署，开始新生活。人们谱歌作乐，以歌颂他的功德。

"歌功颂德"本义是颂扬功绩和德行。现在多用来表示毫无原则、不切实际地吹捧和颂扬，带有贬义色彩。

10. 白鱼入舟

《史记·周本纪》中记载：武王渡河时，船行至中流，有白鱼跃入武王的舟中，武王俯身抓起白鱼用于祭天。渡河之后，又有一团火从天而降落到武王居住的屋子上方，变成了一只红色的乌鸦。大家都觉得这是吉兆。

"白鱼入舟"也作"白鱼赤乌"，多用于比喻用兵必胜的征兆或祥瑞之兆。

11. 肉袒面缚

《史记·宋微子世家》中记载：武王伐纣灭商后，微子袒露右肩、反绑着手来到武王面前，献上宗庙的祭器，表示臣服。武王赦免了微子，恢复了他的爵位。

"肉袒面缚"多用于形容顺从投降。

12. 乐而忘归

《史记·秦本纪》中记载：秦人的先祖造父，曾为周穆王驾车去西边巡狩，乐而忘归。

"乐而忘归"多用于形容沉迷于某种场合，舍不得离开。

13. 防民之口，甚于防水

《史记·周本纪》中记载：周厉王为了防止百姓说自己的坏话，就安排人专门监视百姓的言论。这一做法导致百姓们走在路上都不敢交谈，再也没有怨恨之声传到周厉王耳朵里。周厉王十分得意，召公谏言道："堵住人们嘴巴的危害，比堵塞河川引起的水患还要严重。"

"防民之口，甚于防水"指不让人们说话，必有大害。

14. 无可奈何

《史记·周本纪》中记载：周幽王宠爱褒姒，在她生下伯服后，竟然废掉了申后和太子宜臼，改立褒姒为后、伯服为太子。太史伯阳甫说："已铸成大祸，无可奈何了。"

"无可奈何"多用来形容事已至此，想挽回已无能为力。